第一次成交

李婷婷 著

群言出版社
QUNYAN PRESS

图书在版编目（CIP）数据

第一次成交 / 李婷婷著. -- 北京：群言出版社，2024.6

ISBN 978-7-5193-0945-9

Ⅰ.①第… Ⅱ.①李… Ⅲ.①销售－通俗读物 Ⅳ.①F713.3-49

中国国家版本馆CIP数据核字（2024）第106133号

责任编辑：周连杰
封面设计：美丽子_miyaco

出版发行：群言出版社
地　　址：北京市东城区东厂胡同北巷1号（100006）
网　　址：www.qypublish.com（官网书城）
电子信箱：qunyancbs@126.com
联系电话：010-65267783　65263836
法律顾问：北京法政安邦律师事务所
经　　销：全国新华书店

印　　刷：三河市京兰印务有限公司
版　　次：2024年6月第1版
印　　次：2024年6月第1次印刷
开　　本：710mm×1000mm　1/16
印　　张：12.5
字　　数：158千字
书　　号：ISBN 978-7-5193-0945-9
定　　价：58.00元

【版权所有，侵权必究】

如有印装质量问题，请与本社发行部联系调换，电话：010-65263836

前 言

销售是日常生活中最常见的一份工作,它涉及的面非常广,几乎在各行各业中都存在,只要这个社会还在顺利运转,只要市场经济还在发展,那么就一定存在销售工作。这是因为销售工作是推动交易的基本模式,无论是人与人之间、企业与企业之间,还是国与国之间,都存在交易的情况,也都需要通过物资、财富的流动来创造新的财富。

销售是社会发展的基础性工作,不过想要做好销售并不容易,它涉及适合卖什么、适合卖给谁、为什么要卖这些产品、适合在哪里卖、适合什么时候卖、应该怎么卖等诸多问题。相比于其他类型的工作,销售不仅要重视销售者的专业性,还要重视他们的综合素养。可以说,销售是最能体现一个人综合能力的工作之一,也是体现企业硬实力和软实力的一种工作。

不过,在日常生活中,许多人对销售仍旧存在一些片面的认知,而正是这些片面认知导致他们无法做好销售工作。

比如,有些销售人员仍旧停留在"卖方市场"的旧思维中,在他们看来,企业在整个市场上处于主导地位,企业完全决定了自己应该生产什么、销售什么,客户只能被动接受这些产品。而从现实的市场环境来看,当前大部分行业都属于买方市场,买家拥有更大的话语权,企业的销售工作应该围绕着市场和客户来转动,而不是完全出于自身的主观意愿。尽管著名的现代社会思想家让·鲍德里亚在《消费社会》中说:"我们所谓主动去购买的商品,都是因为先有广告的传播,再去选择,而传播是完全掌控在产销者的手中。消费者的自主选择只是一个假象，所有的消费者都在生产者的掌控之中。消费者只是在不断地'趋同'，在规定的选择中，向自己希望成为的样子，而那个样子本身也是被生产者规定好的。"但在具体的销售场景中，大部分时候，生产者和销售者需要围绕着消费者来转。

比如，销售人员常常陷入价格论的陷阱，销售人员会觉得一个产品之所以卖得不够好，往往是因为价格没有降下来，只要低价出售，那么就会吸引大量的客户。可在现实生活中，有时候价格越是下降，产品销量越是不佳，销售工作往往会因为降价而陷入更大的困境之中。又或者，他们认为销量完全取决于产品自身的性能和价值，只要是好产品，就不愁卖不出去，但市场上有很多好产品往往很难找到销路。

又比如，一直以来，人们都坚信销售工作是技巧性的行为，只需要依赖一些单纯的技巧性操作，人们就可以提升自己的说服力。这也是为什么很多人会认为销售只是一份低门槛的工作，任何人都可以胜任这份工作。他们会单纯地认为只要说几句好听的话，只要巧妙地运用一些博弈手段，就能够轻松完成交易。但在很多时候，单纯的技巧很难说服客户，而且客户会将技巧等同于套路，从而对相关的产品和品牌产生反感。

想要与客户顺利成交，销售人员首先需要重新认识自己的工作，建立一个更完整的销售认知体系，同时也要建立强大的销售信仰。只有建立正确的认知，才能在此基础上打造更合适的销售模式、销售方法。而在整个销售认知体系中，有一个非常关键的内容，那就是销售的三个核心。从某种意义上来说，有关销售的认知以及销售方法的衍生，都和销售的三个核心有很大的关联性。

销售的第一个核心便是洞察需求。也就是销售员需要了解客户的具体需求和期望，通过与客户进行深度互动来挖掘他们的现实需求和痛点。简单来说，就是弄清楚客户想要获得什么，面对什么现实困难，需要什么样的解决方案。

很多销售人员会抱怨自己的客户很难缠，会抱怨自己的工作没有成效，其实很多时候，并不是产品不够好，而是自己没有找到真正的"需求方"。这些销售人员并没有真正去了解客户的真实需求，不知道他们想要什么，具体有什么期待，具体有什么动机，因此常常会依照惯性或者经验，盲目推销自己的产品，强调自己产品的性能和优势。这种销售模式的效率非常低，而且很容易引起客户的反感。

美国知名咨询顾问亚德里安·斯莱沃斯基在《发现利润区》一书中曾经这样写道："在旧经济秩序下，你需要的大多数信息来自公司内部和行业内部。今天，你需要的重要信息来自公司外部，即公司的客户和竞争性市场的边缘；来自行业外部——已经由别人做出的伟大的企业设计，可以用来解决我们自己面对的问题。"

不幸的是，近来的一项调查显示，高层管理人员把70％的时间花在"内部"，剩下的30％的时间分配给"外部"，包括供应商、证券分析家、记者、慈善机构、其他公司的董事会以及客户。在旧经济秩序下，这样的分配格局是有意义的。但在价值转移的条件下，这种分配是不妥的。

随着价值从旧的企业模式转移到新的更加关注客户的企业设计，你必须改变这个时间分配比例，应当把更多的时间用于"外部"，用于客户。不要把时间用在那些喜欢你的客户身上，应当找到那些需求最甚、最不满意、对明天最有见解的客户。

传统的价值链是从企业自身固有的资源与能力出发，设计相关产品，拓展销售渠道，最终到达用户端。简单来说，就是"我有什么"，然后"卖什么""有需要的人自然会来买"。而新的价值链反其道而行，先立足市场，坚持从客户需求出发，然后设计出符合客户希望的销售渠道，设计出满足客户要求的产品和服务，最终匹配和落实到自己拥有的资源和能力上。它的模式是"先了解客户需要什么，最想要什么""应该生产什么样的产品，应该布置什么样的营销渠道"，最后推导出自己"我需要进行什么样的资源配置"。所以真正懂得销售的人，会打破传统的价值链，立足市场，立足客户，坚持以客户需求为主导，构建自己的销售体系。

销售的第二个核心是建立关系。销售工作不仅仅是为了卖产品和服务，更多地侧重于良好交易关系的确立以及维护。良好的人际关系对于销售的成功以及双方后续的合作具有重大的推动作用，因此销售员需要真诚地面对自己的客户，积极倾听他们所遇到的问题，并且认真做出回应，帮助他们解决相应的问题。

许多销售员喜欢单刀直入，直接用产品的性能来说服客户，但这种过于直接的销售方式并不能真正提升效率，反而会让销售员显得缺乏人情味。其实，销售工作的核心环节是打动客户，用自己的产品打动客户只是其一，销售员还要通过一些有效的沟通手段，提升对方对自己的信任感，并推动客户将这份信任感和亲近感转移到对产品的喜爱上。

销售的第三个核心是提供价值。销售产品并不是单纯地告诉对方"我们有什么好东西"，而是针对客户的现实需求和痛点，提供一套合理的解决方案。销售的产品和服务必须真正满足客户的需求，附加的服务也要有效增强客户的满意度。

在销售中，最忌讳销售员自说自话，自卖自夸。销售员如果只强调自己的产品有多好，而没有真正将这些"好"与客户的需求联系起来，那么产品的价值展示也就不够完整。真正优秀的销售员会针对客户的需求给出适合的产品和服务，用以解决客户遇到的困难，从而赢得客户的信赖和欢迎。

把握销售的三个核心，是提升销售效率的关键，也是本书的一个切入点。本书的相关内容都是围绕着这三个核心展开的，无论是语言的修炼、良好的自我表现、重点内容的把握、销售策略的选择、消费心理的掌控、博弈的技巧、故事的构造，还是最终的"避坑指南"，基本都和这三个核心有关。

读者想要更好地理解和消化书中的内容，可以先了解这三个核心，然后以此为基石更好地了解书中有关销售的所有内容，并从书中学习到科学合理的销售理念和销售方法。

目 录

第一章 修炼语言，打造高效的成交话术

学会赞美和认同顾客的眼光 / 002

少谈论分歧，多谈论共同点 / 005

多说"我们"，少说"我" / 008

通过提问的方式，寻求更多的消费信息 / 012

认真倾听客户的想法，找出对方最感兴趣的点 / 016

第二章 良好的自我表现是赢得信任的关键

保持自信，培养强大的气场 / 022

对自己的销售工作，要富有热情 / 026

对所有接受自己服务的顾客表示感谢 / 030

打造个人独特的销售风格，吸引顾客的关注 / 033

在第一时间回复客户 / 037

为每一次交易做好充足的准备 / 040

第三章 卖产品，要善于抓重点

不要将重心放在价格上，而要更多地谈论价值 / 046

加强沟通和互动才是销售中做得最多的事情 / 050

做好产品销售，要给予客户更多的安全感 / 054

说服客户的第一步，就是抓住他们的好奇心 / 057

卖产品不如卖服务，增强顾客的体验感 / 063

产品销售的关键，在于维护客户良好的形象 / 067

第四章 面对不同的顾客，要采取不同的销售策略

做好市场调研工作，把握不同的市场需求 / 072

做好顾问式销售，深度挖掘顾客的需求 / 076

找到意向客户，才能快速成交 / 080

把握新老顾客不同的消费侧重点 / 084

慢客要靠耐心，急客需讲效率 / 088

面对重要客户和普通客户，使用不同的销售方法 / 092

第五章 攻心为上，了解客户的消费心理

把握消费心理，设定合理的销售流程 / 098

让顾客感觉自己占了便宜，而不是感到产品很便宜 / 101

抓住顾客的损失厌恶心理 / 105

挑起他人内心高贵的动机 / 109

借助从众心理，提升品牌认同感 / 112

把自己定位成一个产品的分享者 / 115

第六章 销售的本质就是博弈，懂得掌握技巧

要懂得拒绝自己的客户 / 120

设置免费试用期，把握人心 / 123

先尝试着让对方接受一件小商品 / 126

后发制人，先让顾客说出自己的想法 / 130

利用客户之间的博弈，争取利益最大化 / 133

拒绝零和博弈，打造双赢局面 / 136

借助低价优势，绑定客户 / 139

第七章 讲好故事,打造更强的品牌力

打造一个出色的品牌故事 / 144

减少数据分析,更多地刺激顾客的感官系统 / 148

在讲故事时,注入自己的情感 / 152

为客户构建更加美好的愿景 / 155

在故事中加入更多的创意 / 159

运用故事打造一种生活理念 / 163

第八章 拒绝不合理的销售模式,避免入坑

不要对客户进行情绪勒索 / 168

不要自作主张、替客户做决定 / 172

不要对顾客的质疑轻易提出反对 / 175

销售也要看趋势,不能逆势而行 / 178

不要一味迎合市场需求 / 181

不要排斥那些提意见的客户 / 185

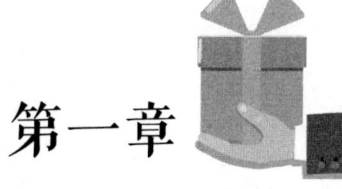

第一章
修炼语言，打造高效的成交话术

学会赞美和认同顾客的眼光

许多销售员在工作中存在一个错误的行为,那就是往往将关注点停留在产品上,而忘了最核心的一点:销售员始终是为顾客服务的,应该围绕着顾客来转,产品的介绍本身也应该围绕着顾客的需求和想法来转。相比于赞美自己的产品,销售员有时候需要将注意力放在顾客身上,通过赞美顾客来提升好感度,通过认同顾客来构建彼此稳定的、和谐的关系,从而有效拉近彼此的距离。

赞美是一种非常实用且高效的营销方式,对于销售工作会产生积极的推动效果。赞美的方式多种多样,销售员完全可以选择一个合适的着力点对顾客进行赞美。比如,当顾客带着孩子进店时,可以赞美他们的孩子;当顾客长相不错时,可以称赞他们的长相与气质;当顾客衣着光鲜时,可以赞美他们的穿衣搭配水平。赞美的目的就是为了消除陌生感,从而更好地为接下来的销售活动做铺垫。而最有效的赞美就是认同顾客挑选商品的眼光,这种赞美和认同往往可以更好地切中顾客的消费心理。

从心理学的角度来分析,每个人都渴望获得他人的认同和赞美,人们希望自己身上的能力、优势、眼界、思维可以被他人发现,并赢得他人的认同。这是他们建立自信心并愿意与外界建立连接的重要保障。得克萨斯大学奥斯汀分校的人际沟通学家马克L·纳普（Mark L. Knapp）曾经对赞美心理提出了自己的看法："当别人称赞我们擅长的事情时，我们会将其纳入如何看待自己。许多人甚至寻求'赞美'以进一步巩固这种形象。同时，为了过上健康的生活，我们都寻求认可和支持，当没有赞美时，我们会感到心理上营养不良。"

社会学家还专门做了一些实验，他们发现接受测试的人在获得外界的"赞美"和金钱奖励时，大脑纹状体都会被顺利激活，而且在很多时候，二者对大脑的刺激效果几乎是一致的。如果说金钱侧重于对个人物质需求的满足，那么赞美则偏向一种社会奖励，满足了人们被社会认可和接受的情感需求。

而从赞美的结果来看，赞美更多地会演变成为一种互惠行为。2010年，科研人员就重点探讨了"赞美"作为一种顺从策略的有效性。他们发现人们在接受赞美之后，通常更愿意与赞美自己的人进行和谐互动，甚至愿意做一些有意义的事情来回报赞美者的认同。销售员对客户进行赞美无疑会引发一系列更加积极的互动行为，当然，这并不意味着客户一定会掏钱购买产品，但是在客户的内心深处会变得更愿意与销售员亲近，更愿意聆听销售员的话，并且会连带着对销售员介绍的产品和服务给予认同。

正因为赞美所具有的引发互惠行为的特性，所以销售员在销售衣服的时候，往往会重点突出衣服可以让人看起来更美，在销售化妆品时会强调它们能够让皮肤更加光滑细腻有弹性，在销售豪车时又会强调对顾客身份地位的提升和呈现。销售员从一开始就对顾客的消费行为给予肯定，赞美他们的选择，认同他们的眼光，从而让他们的情感需求得到满足，放下戒备心，在一定程度上迎合销售员的销售行为。

因此，销售员需要掌握的第一个话术技巧，就是确保与顾客的眼光、选择保持一致，尽可能尝试着赞美和认同顾客的眼光，通过这种认同感将双方拉到同一个立场上。只不过，在赞美的时候，销售员要懂得寻找合适的着力点，确保赞美的效果。

有一位富有经验的销售员在培训新人时，要求销售员不要总是一股脑地谈论自己的产品，而要懂得倾听顾客的想法，然后找到一个赞美对方消费理念的着力点，并顺利将话题引到自己的产品上。比如，当顾客的想法与销售员的想法背道而驰的时候，销售员应该这样说道："您的眼光真不错，您说的那一款产品在过去很长一段时间内都是爆款，不过现在产品都在升级换代，我这里就有一款新的产品，你要看看吗？"

当顾客看中的就是销售员想要推荐的产品时，销售员不能急着赞美自家的产品如何出色，而必须对顾客做出的正确选择给予认同："看得出来，您是一个拥有很高审美情趣的人，您对产品的认知和消费理念都完美地契合了我们的产品。"

当顾客对产品的选择与大众明显不一样的时候，销售员更要称赞他们"拥有与众不同的思维"，或者认为他们具备独特的个性。当顾客的想法与大众趋于一致时，销售员则可以赞美他们"很有眼光，善于把握消费的主流趋势"。

需要注意的是，赞美并不意味着专门挑好的话说，也并不意味着可以随意说好话，它需要遵循实事求是的原则。赞美者必须讲述一个明确的事实，并针对这个事实发表自己的看法。此外，赞美别人要保持真诚的态度，这样才能让赞美的语言听上去自然和真实。

少谈论分歧，多谈论共同点

从销售的过程来看，销售方与客户之间具有天然的对立性。比如，销售员为了推销自己的产品，一定会千方百计夸耀它；客户为了买到物美价廉的产品，则会尝试着不断"提问"，聚焦产品存在什么漏洞和不足，这样就会导致双方出现"角力"的现象。

从利益的角度出发，销售方往往期待着以更高的价格，更有利的条件完成交易，而客户期待着自己能够以更低的成本，更大的回报来完成交易，利益上的"拉扯"同样会导致双方存在一些对抗。合作商为了实现自身利益最大化，往往会提出各种条件和要求，而这同样会制造分歧。

从情感的角度出发，当销售员和客户在生活、工作中存在较少的交集，存在太少的共同点时，彼此的话题就会很少，感情的亲近度也会受到很大的影响。比如，销售员与客户原本完全可以利用闲聊来拉近彼此的关系，而双方的谈话内容往往决定了闲聊的质量，假设销售员是巴萨（西班牙甲级足球联赛球队）的忠实粉丝，而客户则非常喜欢皇马（西班牙甲级足球联赛球队），那么双方很有可能会因为各自的喜好而产生分歧；或者销售员非常喜欢谈论一些娱乐性的话题，而客户可能更加喜欢谈论工作这一类较为正式的话题，这个时候，双方就很难进行深入交流。

想要在沟通中加强彼此的关系,就要想办法绕过这些分歧,尽可能将注意力放在那些能够引发共鸣的事情上。销售员需要更多地挖掘彼此的共同点,即谈论双方都关注和喜欢的东西。比如在获悉双方支持不同的球队时,可以更多地谈论整个联赛的氛围和水平,可以谈论自己对足球运动的喜爱,可以谈论一些私底下举办的足球活动,或者也可以谈论双方都喜爱的球队和球星。同样地,当销售员意识到平时感兴趣的话题不同时,就要尽量避开这些话题,要么迎合对方的兴趣和话题闲聊,要么就找一个双方都感兴趣的话题,不要谈论娱乐新闻,也不要谈论工作,可以谈论双方都很感兴趣的美食。

销售员做好服务工作是销售的关键一步,而谈论共同点拉近彼此的关系则是做好服务的关键。

欧洲的很多奢侈品牌店为了招揽顾客,会对所有销售员进行专业培训,而培训的一个重要内容就是交谈能力。销售员必须具备挖掘双方共同点的能力,同时要懂得将话题引到双方都感兴趣的事情上。

麦肯锡公司在成立之初,为了联系和获得更多客户的信赖,所有的咨询师与客户见面的时候,都会提前搜集客户的信息,了解对方平时做些什么,喜欢做什么,然后将这些喜好与自己的喜好进行比对,寻找彼此的共同兴趣爱好。咨询师还会针对客户遇到的问题进行分析,谈论自己公司也存在的同类问题,双方会针对这些共同存在的问题进行深度交流,从而消除对方的陌生感,并顺利推销自己的咨询业务。

销售话术的核心就是迎合,销售员的所有表现都是为了迎合客户的购买需求和情感需求。多谈论共同点，少说分歧，就是为了减少彼此可能出现的摩擦，挑起对方继续沟通的兴趣，并且让对方产生"我们是一样的人"的想法，这样就可以在无形中消除更多的对立情绪与姿态。这里所谓的共同点，可以是共同感兴趣的话题，可以是共同的利益，可以是共同遭遇的困境，也可以是身上相同的特点，所有的共同点都是为双方情感交流服务的。

比如，在谈论共同感兴趣的话题时，可以先通过交流来了解对方的一些生活习惯和兴趣爱好。销售员需要在短时间内把握这些信息，从中找出重点，然后主动去挑起这些话题，也可以顺着对方的话题说下去，展示自己在相关话题上的热情和专业性。

在寻找共同利益的时候，则要将双方合作带来的好处摆到桌面上来说。销售员要强调合作所带来的巨大的收益，要谈论双方合作的前景。销售员也可以多谈论一些有关双方共同经营管理的项目，通过这些项目来建立更强的互动性和信任。

在谈论共同遭遇的困境时，销售员可以以自己的消费经历为题材，迎合对方的痛点和消费困境，共同讨论相关的话题。然后，通过这种将心比心的方式来拉近彼此的关系，并积极分享自己解决困境的方法，这样就可以强化彼此的关系。

需要注意的是，想要真正把握共同点，需要掌握一些沟通的技巧，首先，不要针对某件事表明自己的立场，应该先听听客户说了什么，避免双方立场对立，影响沟通的氛围。其次，在谈论彼此的共同点时，要善于使用一些能够推动进一步交流的语言，比如"不知道你有没有这样的感觉""说起这件事，不知道你听没听说……"。或者，也可以使用一些充满感情色彩的语言，"哎呀，真巧，我也喜欢这个""说真的，很少有人有这样的想法，原来你和我一样啊"，这类表达往往可以更好地强化彼此的关系。

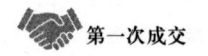

多说"我们",少说"我"

2022年,张先生带着公司最新研发的产品前往欧洲洽谈生意。见到公司最大的客户之后,张先生非常礼貌地谈到了这家客户在业内的威望,对业务拓展的高要求,以及对未来发展的完美规划,然后又引出了自家产品的优势,并重点描述了双方合作的前景。在经过两个小时的沟通后,客户并没有什么表态,而是借着还要开会的由头离开了。

客户离开后,许多人都觉得张先生这一次的商务洽谈会已经失败了,就连张先生自己也觉得成功的希望不大。大家都知道,这个客户对于合作伙伴非常挑剔,其挑选的所有供应商都是行业内最好的。为了选择优秀的合作伙伴,这个客户还会设置一些难度很高的考核项目,因此真正可以将产品卖给他的公司少之又少。

两天之后,正当张先生打算先行回国汇报工作时,突然接到了客户的电话。对方打算下午就与张先生商谈进一步的合作事宜,还要争取尽快签订合同。下午两点,张先生与客户在约定的地点见面,双方经过短短半个小时就谈好了所有的合作事项,并顺利签订了合同。在签订合同之后，客户对张先生说："贵公司的产品其实并没有太大的优势。我这里还有几家供应商，他们的产品比你们的还要好一些，但我最终还是选择同你们合作，你知道为什么吗？"

张先生摇摇头，他也非常好奇究竟是什么原因让客户选择了自己。客户笑着说："我的秘书将我们上次的谈话内容做了记录，昨天在查看和分析这份记录时，发现了一个非常有趣的现象——你在整个谈话中一共谈到了34次'我们'，而只有1次'我'。这样的态度让我们非常欣赏，这就是让我最终改变决定的缘由。"

许多人在谈话中，为了凸显自己的优势，为了彰显自己的形象，或者为了占据更大的先机，通常会频繁地提到"我"，选择用这样的称呼来完成内容的铺设，提升自己的影响力。在他们的眼中，"我"是一个需要重点展示的词汇，是一个需要不断强调和证明的称呼。殊不知，这样表达在对外沟通方面很容易遭受巨大的阻力。

从谈话的效果来看，"我"或许是最微不足道的称呼，过多地强调"我"，无疑会制造人际关系上的壁垒，阻碍彼此的认同。因为过度强调"我"这样的个体，会让人们给说话的人贴上"自私""缺乏包容性"的标签。人们会觉得他只关注自己，凡事都将自己同其他人区分开来，只为自己的私利服务，对于其他人则毫不关心。

以销售工作为例，销售员的最终目的就是将产品卖给客户，这就决定了销售员自身所表现出来的功利性。如果销售员频繁地强调"我"，强调"我"在交易中扮演的角色、做事的风格和立场，以及存在的价值，那么客户会习惯性地认为销售员只关心自己的产品是否能卖出去，只关心自己的产品是否能够实现利益最大化。此时，客户就很难对销售员以及产品产生信任。

相比之下，多说"我们"则是一种有效的沟通策略，因为"我们"代表的是一个整体，具有明显的群体标记，通常表明交谈双方具有密切的关系，或者对建立密切关系怀有某种期待。"我们"代表了一种包容的沟通文化和沟通策略，表明双方有能力处理好彼此的分歧，并愿意共同为某个目标努力。经常说"我们"的人，会把自己和对方当成一个整体或者命运共同体来对待，这也就意味着说话的人将满足对方利益需求当成了自己的事情来对待。

正因为如此，一个优秀的销售员会特别注重称呼的使用。他们会以更包容的心态和更大的格局来处理相关的交易，来处理自己与客户之间的关系，并通过对"我们"这个概念的强调来增强话语的影响力和穿透力。

那么，销售员应该如何处理"我"和"我们"这样的称呼问题呢？

首先，面对客户时，最好不要使用过于主观和自我的表达方式，像"我认为""我觉得""在我看来""我建议""我要求"等表达方式尽可能不要使用。有人经常会说"我建议，今天下午进行谈判"，或者"我觉得明天早上最适合交易"，这些都不是得体的表达方式，它们完全可以改成"今天下午，我们进行谈判怎么样？""明天上午，我们再进行交易，会不会更好一些？"强调"我们"可以让客户意识到自己的存在获得了尊重，可以让客户意识到整个销售活动并不是完全围绕着销售员来转动的，他们也有机会表达自己的看法。

其次，销售员不要总是谈论自己的利益和立场，像"我会怎么样""我的想法是什么"这一类话要少说。这样很容易让人觉得销售员只在乎自己的收益，只想着如何从客户那里获得更多的收益。在谈论利益的时候，更多地强调"我们"，这样就能够更好地赢得客户的信任和认同。

最后，当交易双方开始谈论某一件事时，销售员应该多说"我们"，这样就可以提升对方的参与感，可以让客户觉得自己也是整个交易活动中的重要参与者。此外，销售员最好选择以"我们"开头，这样的表达方式显示了对对方的尊重,以及对双方进行交易与合作的重视。表明销售员始终以双方的关系、合作项目以及共同利益为先,并没有一味想着如何满足自己的私利。

总之,销售员应该明确一点,自己所有关于销售工作的表达,目的都是为了拉近彼此的关系,增强客户的亲近感和信任感,而更多的"我们"则很好地诠释了销售员的愿景和期待。

第一次成交

通过提问的方式，寻求更多的消费信息

在销售过程中，有一项工作非常重要，那就是获取顾客的信息，了解顾客想要什么，拥有什么消费习惯和想法，具有怎样的消费动机和期望。只有了解顾客的消费信息和真实需求，销售员才能够更好地开展自己的销售活动，才能够更具针对性地吸引顾客的关注，并说服顾客购买相关的产品。

单纯地从某一个销售场景来看，销售员对顾客信息的搜集一部分源于对顾客外在形象、言行举止的观察和判断——这往往和经验有关，而且信息的精度并没有保障——大部分的信息还是源于对话。通过对话，销售员可以有效把握对方话语中的重点信息。那么，为什么同样是对话交流，有的销售员可以很快把握顾客的真实想法，而有的销售员根本不知道顾客究竟有什么需求呢？

著名的销售大师尼尔·雷克汉姆曾写过一本书《SPIN销售巨人》。在书中，他总结了一套非常实用的销售方法论，其中最核心的观点就是运用提问来搜集客户的消费信息，从而更精准地把握对方的需求。尼尔·雷克汉姆认为，所有的销售工作归根结底都是为了帮助客户解决问题，销售工作本身也是围绕着客户所面临的困难来展开的。为此，他提出了SPIN提问法，要求销售人员在具体的销售工作中必须了解客户的背景问题、难点问题、暗示问

题、需求-效益问题。

　　这几个问题是环环相扣，逐步推进的。背景问题就是询问客户想要做什么，想要获得什么，然后通过这个背景问题引出客户面临的困难，或者对产品的担忧，这就是所谓的难点问题。随着难点问题的提出，销售人员会逐步引导客户去挖掘潜意识中隐含的真实需求，弄清楚是什么导致自己面临困难，是什么东西引发了内心的不满，是什么东西导致内心的痛苦。接下来，销售人员会不断提出一些暗示问题，将客户所面临的相关难题可能产生的后果放大，这样就可以引发客户内心更大的触动，并产生更为强烈的解决问题的需求。最后，销售人员会提出需求-效益问题，让客户意识到一旦解决了这些难点问题，会带来什么样的收益。这个时候，就成功地将客户隐含的需求转化成为明确的购买需求。

　　比如，某个顾客想要购买剃须刀，

　　那么，销售人员首先可以提一些背景问题：

　　——"你之前都在用什么品牌的剃须刀？"

　　——"你打算购买安全刮脸刀、电动剃须刀，还是机械剃须刀？"

　　在得到顾客"购买电动剃须刀"的回答后，销售人员可以针对性地提出难点问题：

　　——"你之前使用的电动剃须刀，是不是存在剃须不干净的情况？每次都要使用安全刮脸刀再重新刮一次？"

　　——"你使用过的电动剃须刀是不是用了一段时间后，就经常存在电力消耗过快，电力不足的问题？"

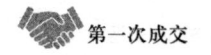

提出难点问题之后，销售人员可以向顾客提出一些暗示问题：

——"如果某天要去见重要的客户，而家里的电动剃须刀无法清理干净脸上的胡茬儿，会不会让客户对你产生不好的印象？甚至使其觉得你不重视双方的合作？"

——"当你着急上班的时候，电动剃须刀用到一半却没电了，导致胡子没刮干净，会不会浪费你宝贵的上班时间？"

暗示问题会让顾客对解决问题的新方案产生兴趣，这个时候提出的需求-效益问题就能够快速抓住他们的注意力：

——"如果你的剃须刀拥有强大的剃须能力，可以保证脸的干净和清爽，那么对个人形象会产生什么样的帮助呢？"

——"如果电动剃须刀电力强劲，电池的额定容量很大，又能够节省多少宝贵的时间和精力呢？"

在提出这些问题之后，销售员就可以顺利推出自己的新款电动剃须刀，并通过对这款电动剃须刀强大的剃须能力和电池容量进行描述，顺利激发顾客的购买欲望。

销售员想要引起顾客和客户的关注，最重要的不是滔滔不绝地陈述自己的产品有多么好，不是千篇一律地将产品的功能复述一遍又一遍，因为没有了解顾客真正的需求、动机和期望时，所有的陈述都显得盲目且苍白无力。在陈述事实的时候，还不得不频繁应对来自顾客的各种提问和质疑，这会让销售员陷入被动状态。优秀的销售员会通过提问的方式了解顾客究竟想要什么，有什么痛点，然后依靠各种逻辑很强的提问巧妙地让顾客意识到相关的问题，并自主产生"理解、解决这些问题"的想法和需求。在整个提问的过程中，销售员并不需要明确告知顾客面临什么困难，也没必要强制要求顾客接受自己的产品，他们只是引导顾客自己做出判断和决定。销售员可以通过各种提问来掌控节奏，确保自己可以轻松控场。

提问是一种非常高效的信息交流方式，而SPIN法更是一种科学、高效的提问方式，它可以帮助销售员更精准地了解客户想要什么，从而为其提供更合理、更人性化的服务。

第一次成交

认真倾听客户的想法，找出对方最感兴趣的点

在向客户推荐自家产品的时候，许多销售员常常会将一些自认为很不错的卖点告知对方，并且反复强调这些卖点所带来的便利。尽管销售员卖力地推销，但效果往往不尽如人意，而造成这种现象的原因就是销售时过于主观。

销售时过于主观是一个非常常见的现象，这里所说的主观是指销售员在向顾客和客户介绍产品的时候，完全忽略了客户的真实想法和需求，仅凭自己的经验去说服客户。这种完全站在自己的立场，完全依赖自己的经验做出的判断，缺乏明确的针对性，精确度也往往不够好，因此很容易陷入"自嗨"的销售状态。

比如，很多销售员经常会这样宣传自己的产品：

"我们家的这辆车非常实用，空间是同类型汽车中最大的。"

但实际上，并非所有的顾客都对大空间感兴趣，也许眼前的顾客更加看重汽车的操控性和品牌价值，对空间的大小并不感兴趣。

"这辆车的颜色是今年非常流行的绿色，非常有个性。"

可是，很多顾客对绿色非常反感，这种个性化明显的汽车会让

他们觉得不够稳重，不够成熟。

"这辆车目前正在打折，非常具有性价比，其他同级别的奔驰、宝马都要贵15万元以上。"

然而，一些顾客对于性价比并不关心，他们更加看重奔驰、宝马的品牌知名度。他们觉得这些豪华品牌可以最大限度地展示自己的地位，满足自己的社交需求。

很明显，在做产品营销或者设计广告的时候，商家可以宣传自家产品的优势，可是在具体的销售场景中，这样的销售语言可能根本无法打动客户，甚至有可能会让客户产生反感。这是因为营销面对的是大众客户，看重的是卖点尤其是最大卖点的展示，而在具体的销售工作中，销售员面对的顾客和客户都是不同的，大家有着不同的喜好，有着不同的消费习惯，也有着不同的消费需求，需要具体问题具体分析。

那么，销售员应该如何精准掌控客户的消费习惯和消费需求呢？最直接的方法就是倾听。倾听是获取消费者、客户信息的重要方式，也是提升沟通效率的重要方式，对于销售员来说，倾听一方面可以更好地接收客户信息，了解客户的真实想法和真实需求；另一方面能够有效保持一种亲近的、和善的、主动迎合的姿态，有助于让对方放下戒备。

不过，倾听并不是简单地竖起耳朵听对方说话。倾听具有多种层次，而不同的层次，对应不同的交流效果，也会造成不同的销售结果。

第一层：倾听者主动营造一个安全的环境，确保双方可以在一个和谐且隐秘性更好的空间中讨论那些艰难、复杂的或者一些情感类话题。

第二层：倾听者会消除一切可能分散注意力的因素，比如将容易使人分心的物品移走，确保自己可以全身心专注在对方的谈话中。不仅如此，倾听者会适当地与对方发生眼神接触,从而表达对对方的尊重,对对方谈话内容的重视和兴趣,这样会让对方更加投入。

第三层:倾听并不意味着沉默,而是需要不断在倾听中给予反馈。这一层次的倾听者会尝试着了解对方所说的话具有什么实质意义,他们会认真倾听并捕捉对方谈话中的重点,提出自己的看法。有时候,他们会把问题重新陈述一遍,以确认自己的理解是正确的。比如,倾听者可以说:"针对您刚才所说的这件事,我的看法是'好的产品要……'不知道我这样理解,是不是对的。"

第四层:倾听者不仅仅停留在对谈话内容的关注上,他们还懂得注意观察对方的身体语言。抓住对方的面部表情、呼吸频率、肢体动作,并通过对肢体语言的观察和理解,与自己听到的谈话内容进行结合,从而分析出对方内心真实的想法。

第五层:倾听者会通过倾听和观察,及时了解到对方对于当前问题的情绪和感受,然后对对方的想法与感受给予认可。为了强化自己的立场,倾听者不会对对方的所作所为以及内心所想进行批判,而是选择体谅和支持对方的情感表达。这样做的目的有两个:第一,证明倾听者一直在认真倾听,对对方的谈话内容非常感兴趣;第二,表明倾听者对相关的谈话内容非常认同,双方在某些方面具有相同的立场,这样就拉近了双方的关系。诸如"你说得真棒,简直说到我心坎里了""你刚才提到的内容还可以复述一遍吗,真的很有意思",这样的话往往能够更好地表明自己的态度,降低彼此的疏离感。

第六层:倾听者会积极参与到谈话中,他们会对对方的谈话给予认同,同时又提出一些问题,引导对方从新的角度看待问题。倾听者通常会提出自己的一些想法,让对方参考,确保整个谈话更加深入。比如倾听者可以询问:"您刚才谈到的消费经历很有趣,冒昧地问一下,这件事是否使您的消费理念有了改观？""说起这个，我有一个拙劣的想法，如果进一步加入一些娱乐性的元素，会不会更好一些，我想听一听您的想法。"类似提问并不会打破对方在谈话中的主导权，反而会因为倾听者的参与而推动谈话的深入，这样有助于深入挖掘客户身上更多高价值的消费信息，从而推动销售工作的进行，保证销售的效率。

销售员要扮演好倾听者的角色，尽可能进入最高层次的倾听状态，确保双方可以更愉快、更深入、更高效地进行沟通。

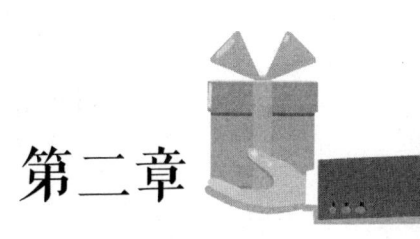

第二章
良好的自我表现是赢得信任的关键

保持自信，培养强大的气场

在客户对企业以及相关的产品不了解的情况下，他们很大一部分的消费认知来源于对销售员的印象。从某种意义上来说，销售员是企业和商家的门面，销售员的良好形象会给自己的产品和服务加分不少。同样地，销售员的不良表现会影响客户对产品和服务的判断，降低他们对交易的期待。

正因为如此，销售员要注意保持一个良好的形象和气质，在面对客户的时候，必须展示出更好的精神状态，其中自信就是一个非常重要的特质。当销售员第一次面对客户的时候，他们身上的自信就会通过言行举止传递给客户，并赢得客户的信任。如果一个销售员在客户面前表现得缺乏信心，对自己的表现没有底气，对公司的产品也显得信心不足，那么客户很快就会接收到这种消极的情绪和状态，然后对相关的产品和服务产生怀疑。这个时候，想要依靠产品的性能来说服客户就变得非常困难。

空中客车公司首席运营官约翰·莱希经常把一句名言挂在嘴边："卖产品就是卖自己。"销售员做好销售工作的第一步就是展示良好的状态，让自己看起来更具说服力。相比于技巧，销售心态往往更加重要，它在整个销售中所起到的作用更大，对客户的影响力也更强。心态更加强大的销售员，往往可以依靠自己展示出来的信心，赢得更多的信任。

格力电器的掌门人董明珠是一个非常擅长做营销工作的人，早在升任格力集团董事长一职之前，她就从事了多年的销售工作。作为销售员，董明珠非常懂得如何造势，懂得如何提升自身产品和品牌的影响力。早年，她每次参加活动都表现得信心十足，不会忘了销售自家的产品。正是因为这种自信的表现，格力品牌才会被更多的人熟知。就连客户也承认，只要见了董明珠，就会被她的气场所影响，对格力产生不小的期待。

最近几年，随着格力集团线下销售的萎靡，董明珠开始积极做出改变，带头进入直播行业。为了提升销量，董明珠再次干起了销售的老本行。2020年4月24日，董明珠开启了直播首秀，但由于准备不充分，问题频出，导致整场直播的销售额只有20多万元。这个时候，很多人认为她根本没有办法做好直播销售，而且纷纷猜测她不会再搞直播了。没想到半个月后，董明珠第二次尝试直播，这一次她的自信表现赢得了大家的认同，开播3小时就突破了3.1亿元的销售额。直播的第二天，格力的股价逆势上涨3.7%。

自信是销售员保持良好状态和形象的一种特质，销售员的自信主要表现在三个方面：

首先，对自己的表现足够自信。简单来说，就是销售员坚信自己具备强大的吸引力和说服力，有很大机会说服客户购买自己的产品，完成最终的交易。

其次，对产品、服务和品牌的自信。这里的自信主要是指销售员认为自家的产品和服务具有很强的市场竞争力，自家的品牌对客户具有很强的影响力和吸引力。他们相信，客户在面对这样的产品和服务时，很快会被内在的价值所折服，会因为自家的品牌而发生购买行为。

最后，对市场充满信心。对市场有信心一般和行业的发展有关，当整个行业都非常景气的时候，销售员对于自己的销售工作也非常看好。他们会认为自己根本不缺少客户，一定会有不少人愿意购买自己的产品。

许多人会觉得，只要一家公司有名气、品牌影响力大，那么它的产品和服务自然就会给销售员带来底气。但在很多时候，一个有品牌影响力的产品也会因为销售员不够自信的表现而导致销量低迷。从某种意义上来说，销售员的个人状况往往和产品力相辅相成，好的产品的确可以让销售员更加自信，而销售员的自信表现同样会让销售工作更具成效。

需要注意的是，在人际交往中往往会受到关系剧本的影响。关系剧本是指人们在与人相处时会建立某种关系，而在今后的生活和工作中会不断重复类似的关系。关系剧本实际上反映了人们对事情会如何发展的一种期望，人们会在脑中反复预演相关情节并在互动时按照预期的模式采取行动，以期获得想象中的结果。如果一个人想象着自己遇到客户时会胆怯得说不出话来，那么等到自己真正见到客户时，可能会出现说话结巴、浑身不自在的情况。反之，如果人们预想中的自己非常自信和大方，那么在真正的交易中会表现得非常从容不迫。

那么，销售员应该如何保持自信呢？

首先，减少"可能""也许""大概""说不定"等不确定性的措辞，而应该多说一些"一定""肯定""必须"等肯定性的词语，从而增强客户的信心。

其次，交谈时应该直视客户的眼睛，而不要左顾右盼，尤其当客户对产品和服务提出疑问的时候，更要看着对方的眼睛，耐心地进行解释。

再次，在客户面前要表现得落落大方，说话铿锵有力，控制好语速和语调，遇事不要表现出紧张的表情，时刻保持微笑。

最后，销售员需要注意一点：销售产品时可以适度宣传，但不要反复强调自己的产品有多好，一切保持自然就行，因为越是刻意描述，越是显得信心不足。

对自己的销售工作，要富有热情

著名的管理学家彼得·德鲁克（Peter Druker）曾说过："未来的历史学家会说，这个世纪最重要的事情不是技术或网络的革新，而是人类生存状况的重大改变。在这个世纪里，人将拥有更多的选择，他们必须积极地管理自己。"德鲁克所强调的自我管理，就包括了一个人的生活态度和工作态度，人们需要表现得更加自信，更富有热情。人们想要应对竞争激烈的生存环境，想要克服各种各样的困难，就需要在生活和工作中表现得激情四射。

关于热情，美国自然科学家、作家杜利奥提出了著名的杜利奥定律：没有什么比失去热忱更使人觉得糟糕了。在他看来，热情是人生中最重要的禀性和财富之一，是个人生存和发展的根本，保持热情可以使人释放出巨大的潜在能量，并发展成一种坚强的个性。反之，一个人如果对自己的工作失去热情，那么对于工作的投入度会越来越差，工作效率也将变得越来越低。

在谈到销售工作的时候，人们通常谈到的最多话题就是"这份工作太难熬了"。一方面，销售工作压力比较大，员工每天都要面对不同的人，需要处理不同的问题，员工的生存空间和成长空间不断被压缩，很容易出现职业倦怠症；另一方面，许多人的销售工作偏向程式化，缺乏变通和灵活性，导致工作单调无聊。对于销售工作的不满，会导致他们消极怠工，不能认真做好自己的分内之事，也无法为客户提供最贴心的服务。更重要的是，这些消极举动很容易被客户捕捉和感知，然后会认定"对方的产品和服务不够好"，甚至觉得"对方大概不想为自己服务"。这个时候，客户通常很难被说服。

关于工作的热情问题，往往可以体现在两个方面。第一，体现为对本职工作的热情，这里主要强调工作的投入度、专注度，看是否能够按时保质保量地完成任务，是否会认真处理工作当中的各种问题，是否会不断挑战更高的工作目标。

有家公司的经理刚从办公楼出来，就被一位销售员拦住了。他打算推销一款新的产品，经理并没有打算购买什么新产品，加上已经是晚上10点了，就不打算浪费时间听销售员介绍，于是非常礼貌地对他说："我一会儿还有事，实在抽不出身。"经理的秘书趁机也拦住了销售员，希望他可以识趣地离开。

销售员笑着说："希望您可以给我两分钟时间。"

经理顺口问道："你在这里等了我很久吗？"

"大约1个小时。"

经理听了有些动容，于是就同意匀给对方两分钟时间，两个人边走边说。

两分钟之后，秘书提醒销售员时间到了，销售员非常礼貌地终止了这次谈话。他拿出一张纸，在上面打一个勾，然后在后面写了几句话。经理发现这张纸上密密麻麻地记录着很多名字。经理非常好奇销售员在做什么，于是就顺口问了出来。

销售员回答说："您是我今天拜访的第15个客户。我会对每一个客户做好标记，并且做好基本的谈话记录，然后将其作为产品研发和销售的参考资料。"

经理对销售员认真负责、充满激情的工作态度充满了敬意，于是就对他说："今天实在有点晚了，如果你有时间的话，不妨明天到我公司来详谈，我也想更多地了解一下你们的新产品。"

第二天，销售员带着样品去见了这位经理，顺利地签订了一笔新产品的订单。

第二，热情表现为对客户是否尽心尽力，是否拥有良好的服务态度。比如，是否愿意耐心倾听客户的提问，是否能够耐心地帮助客户解决问题，是否对客户的谈话很感兴趣，是否始终对顾客保持微笑，是否会与客户谈论一些和交易无关的事情。

一位老太太去一家专卖店购物，她拉着一位销售员，非要让他帮忙介绍店里的各种商品。销售员于是跟在老太太身边，非常耐心地为她介绍每一款产品的具体价格、性能和优势，结果逛了一整个下午，老太太没有买一件商品。老太太离开后，同事们都在替这个销售员感到不值，认为他白白在这位顾客身上浪费时间，还说老太太如果再来最好不要理会她。销售员没有说什么，只是摸着头笑了笑。

第二天，这位老太太又来到店里，还点名要求昨天那个销售员陪同。销售员没有拒绝，面带微笑地跟在老人身后，这次老太太只花了几分钟时间，就将昨天见到的很多商品买下，消费的额度达到了惊人的2万欧元。不仅如此，老太太还将自己的亲朋好友也介绍给这个销售员，短短三天时间销售员就完成了一个月的销售任务。

相比于销售技巧，销售的态度或者品质往往更加重要。热情是销售工作中非常重要的品质，也是销售员展示自身完美形象的重要元素，热情不仅可以帮助销售员更加专注地应对自己的工作，提升工作的能力、效率和层次，还可以给客户带来更大的感染力，引导客户对销售员以及销售员背后的品牌产生更大的信任。

对所有接受自己服务的顾客表示感谢

在日常生活中，很多销售员都是典型的"利益至上者"，他们只对那些购买产品和服务的客户保持友好的姿态，只会对那些进店发生消费行为的顾客说一些客气的话。对于那些没有购买任何东西的客户，他们往往会采取冷落的态度，因为他们觉得这些人没有购买的意愿，浪费了他们的工作时间。

这类销售员的全部素养都体现在那些拥有回报的服务模式上，而对于那些不能给自己创造业绩和绩效的客户，他们多数情况下会选择冷眼相看或者冷漠对待。这样做会导致那些没有购买产品的客户对销售员失去兴趣，他们在之后的消费中可能会直接将相关的销售员和产品放入黑名单。

从心理学的角度来分析，这是一种典型"负气"行为，甚至有"报复"的嫌疑。其实归根结底，这种行为是由于销售员的器量和眼界太小，遇事只注重当下的结果是否符合预期，是否符合自己的切身利益，而没有考虑到未来的影响。其实，客户购买产品或者不购买产品都很正常，而且影响客户消费的因素有很多，销售员没有必要过度计较，因为客户这一次不买，不代表他们下一次不会再次光临。如果销售员只看重当前能否成交，就会将生意的门路越做越窄。

真正优秀的销售员会认真对待每一位客户，会竭诚为每一位客户服务，而不是选择区别对待。他们通常更加在意自己是否服务到位，而不总是想着自己是否说服了客户购买产品。在他们看来，良好的服务是提升销售额的关键，而客户是否购买产品具有一定的偶然性，销售员真正应该关注的是客户是否感受到了良好的服务。

一家连锁店的老板为了更好地了解员工的工作状态以及顾客在店里的消费情况，于是假扮成普通的顾客进入不同的店面去观察销售的情况。这种低调的"调研"工作结束之后，他很快发现了一个问题，那就是当销售员对每一个离开的顾客说"谢谢您光顾本店，希望下次还可以为您服务"时，那些已经购买了店里商品的顾客，大约有60%的人再次前来消费，那些没有购买任何东西的顾客，也有40%的人还会出现在店里。

当销售员没有对离开的顾客说"谢谢""希望下次为您服务"这类礼貌的话时，那些已经购买了店里商品的顾客，大约有40%的人再次前来消费，而那些没有购买任何东西的顾客，只有不到20%的人愿意再进店。

这位老板意识到自己想要将连锁店做大做强，必须提高销售员的整体素养，必须在客户心中留下更好的销售印象。因此，他很快回到公司总部，然后在旗下所有连锁店内制定了一个规定：无论顾客是否买了商品，都要对顾客的光临表示感谢。正是这一条规定，使得旗下所有连锁店在一个月内的销售额猛涨了36%。

销售员拿出最好的服务态度是工作中必须做的事情，也是自己对工作认真负责、对客户认真负责的基本体现。哪怕对方并没有在自己这里购买商品，也不要将最终的销售结果当成自己是不是值得提供服务的评判标准。道一声"谢谢"，往往可以让那些购买了商品的人得到更大的尊重，也可以让那些不曾购买商品的人感受到来自销售员的重视。

从人际交往的角度来说，这一声"谢谢"不仅仅是对当前销售行为的完美终结，也是下一次销售行为的一个起点，而且对于购买商品和没有购买商品的客户来说，感受完全不同。买了商品的人会觉得这一声谢谢是理所应当的，毕竟自己已经完成了消费，对方表示感谢很有必要。而对于那些没有买东西的人来说，销售员的感谢会让他们的内心受到更大的触动，甚至引发补偿心理，他们可能会在下一次产生购买需求时，优先考虑这个销售员的商品和服务。

正因为如此，销售员需要保证自己在服务上做到一视同仁，对于那些接受自己服务的客户表达自己的感激之情，为了让客户更好地体验到自己的诚心，销售员可以掌握一些说话的技巧。

面对那些已经购买商品的客户，销售员可以这样表达自己的感谢："对于您的光顾，我表示非常感谢，欢迎下次光临。"或者也可以说，"很开心您可以购买到心仪的商品，同时希望今天的服务能够让您满意。"

面对那些没有买任何东西的客户，销售员则需要侧重于表达下一次继续提供服务的意愿："谢谢您能够接受我的服务，很遗憾这一次没有帮您挑选到好的商品，希望下一次有机会再来店里，我还有幸为您提供服务。"

总之，在不同的销售场景和环境下，表达感谢的方式不同，但无论如何，一定要给客户一种"受到尊重和重视"的感觉，要让他们产生一种"我下次还来这里消费"的冲动。

打造个人独特的销售风格，吸引顾客的关注

销售是一个趋同性很强的行业，尽管销售本身没有所谓的标准，没有所谓的统一方法，具有很强的灵活性，但这并不意味着销售风格会各有特色。站在现实的角度来看，当人们意识到某种销售风格和销售行为受到市场的欢迎时，就会选择性地跟随、复制，这样一来就会导致大量拥有相同或者相似销售风格的人出现，并造成大众的审美疲劳。如今的销售培训都在强调对那些销售精英的模仿和跟随，很少有人愿意走出自己的道路和风格，很少有人愿意尝试别人不曾试过的方法和内容。这对大部分销售员来说，是非常不利的，模仿和跟随并不会真正带来竞争力，反而会因为雷同的表现而陷入恶性竞争之中。

一般来说，销售工作包含了以下四种常见的风格。

一、魅力型

魅力型的销售风格主要和魅力的展示有关，像销售员的高颜值、销售员独特的声音和动作、销售员沉稳温和的表现，这些都能够增加销售员的魅力。销售员想要提升吸引力和说服力，可以想办法提升自己的魅力值。无论是外在形象的提升和改造，还是销售行为的创新，都可以有效解除客户的警

戒心，提升销售的效率。像乔布斯（简洁明了、富有画面感的语言）、马斯克（夸张且富有激情的舞蹈）这样的企业家，在宣传和销售自家的产品时，常常会运用富有个性化的语言和动作来吸引客户的关注。这些言行在一定程度上提升了他们的个人魅力，能够更好地引导客户关注相关的产品和服务。

二、杀手型

这一类型的销售者，往往拥有明确的目的，而且不达目的誓不罢休。他们一直都在认真观察市场反应，能够敏锐地感知市场上的细微变化，在商机出现的时候会迅速采取行动。为了说服客户下单，他们往往会采用更加积极的逼单行为，不会轻易放弃，即便客户接二连三拒绝合作，他们也会想办法继续盯着对方频繁出击。许多客户非常佩服销售员的这种执着精神，会被这种穷追猛打的销售风格打动，但是一旦操作不当，或者在销售过程中发生一些冒失的举动，就很容易导致客户产生厌恶心理，并直接导致销售失败。需要注意的是，在一些工作压力很大的行业中，销售员为了完成任务，通常会逼迫着自己向杀手型的销售员转变。

三、技术型

技术型的销售者往往具有过硬的专业知识，销售能力非常出众，他们对于产品的认知非常全面，不仅能够说出产品好在哪里，还知道产品为什么很好，他们可以运用最专业的知识为客户答疑解惑。和一些只注重销售技巧的销售员相比，技术型销售者非常注重学习，会主动且深入地了解产品，他们会从专业的角度帮助客户进行分析，同时不吝啬同客户分享自己的专业知识。这种销售风格的人并不一定是数据控，也不一定是理性分析的人，他们只是非常善于将专业知识结合到自己的销售工作当中来，因此与其他销售员相比，技术型的销售者更具有说服力。目前，有很多公司会对产品的研发人员进行针对性地培训，将其培养成为内部的销售人员，这样做就是为了更好地打造技术型销售风格的人才。

四、顾问型

顾问型销售风格更加侧重于咨询和服务，这一类型的销售者将自己定位为销售顾问以及合作伙伴。他们不像其他销售员一样侧重于从自身的产品出发，契合客户的需求去获取交易的机会，而是选择了解客户的问题，帮助客户解决遇到的相关问题。在整个销售过程中，顾问型的销售者更加注重为客户出谋划策，拟定具体的消费方案。顾问型销售风格通常更加适合那些定制化的服务体系，为了给客户更好的服务，销售员需要为每一个客户提供最专业、最合适的指导，帮助他们做出最合理的选择。

想要在竞争激烈的市场上站稳脚跟，并获得长期发展的机会，那么就需要在这几种常见的销售风格基础上进行自主发挥，努力将自己与其他销售者区分开来，打造自己独特的销售风格。

比如，过去有很多商家为了促销产品，会邀请一些漂亮的女模特担任销售，利用其魅力吸引客户。但是，随着越来越多的商家效仿，这种方式慢慢衰弱。这个时候，许多人开始做出改变，开始聘用男模特担任销售员。这些男销售员会化身为销售顾问，而且必须掌握丰富的专业知识，这样就可以完美进行控场。

男模特的出现改变了过去女模特当道的局面，这种创新模式可以吸引更多的关注，加上顾问式销售风格与技术型销售风格的融合，就形成了非常独特且具有魅力的销售模式。

从销售的效用来说，并不存在哪一种销售风格更好的问题，关键是每一个销售员都要针对自己的行业特性、能力特性、性格特征选择最适合自己的风格。有的人坚韧不拔、遇事很有耐心，那么就适合倾向于杀手型的销售风格；有的人社交能力很强、非常善于处理人际关系，无论外在条件还是沟通能力都非常出色，那么完全可以打造魅力型的销售风格；如果自己的专业能力非常强，知识储备很丰富，就可以选择技术型销售风格，或者选择顾问型销售风格。总之，人们要保证选择的销售风格和行为要能够体现自身的优势，这样才能打造一个良好的销售员形象。

在第一时间回复客户

哈佛商学院曾经对全美2241家公司做了调研，同时对29家B2B公司、13家B2C公司的125万条线上销售线索做了评估。结果发现：当商家和销售员接到客户咨询后，如果在一个小时内就做出回复，并展开了关键对话和深入交流，那么双方成交的机会是一小时后回复的7倍以上。

首先，客户对某件产品产生兴趣或者发生购买行为，通常都是非理性的，多少都具有冲动的成分。当客户产生购买冲动时往往会主动联系销售人员，提出自己的疑问，咨询有关产品和服务的信息。如果销售人员在第一时间就做出了有效回复，那么客户购买的冲动会不断得到强化，购买产品的可能性迅速增加。

其次，客户通常会对销售人员的表现非常在意，一旦销售人员没有对自己的咨询及时做出回复，就会认定对方对自己不够尊重。他们通常不会猜测销售人员是否在忙其他事，是否被其他事情困扰，而是坚定地认为这个销售员不尊重自己，他的产品自然也不值得自己掏钱购买。

在现实生活中，类似的情况很常见。很多时候，销售人员会重点强调自己应该对客户说些什么，却忽略了客户也有自己的想法，也有自己的疑问，因此常常会忽视客户的提问和请求，或者会因为忙碌、烦躁、轻视、遗忘而导致延后答复客户的提问。而这些行为很容易引发客户的不满，他们会认为自己没有得到应有的尊重，自己的需求、自己的意见、自己的问题不被重视，会觉得销售员的服务态度有问题，服务响应速度缓慢……而这些看法都会导致客户对产品以及品牌产生不好的印象。

某家公司的业务代表前往欧洲与西门子公司洽谈业务，想要趁机打开欧洲市场。见面后，双方的第一次谈判非常顺利，西门子公司对这家公司的产品和业务能力非常看好，同时也非常满意双方的合作条件。谈判结束之后，业务代表回到酒店，然后非常兴奋地向公司的高层汇报了第一次谈判的情况，并且认为公司的产品很快就会出现在欧洲市场上。考虑到双方的第二次谈判将在三天后进行，业务代表就和同行的同事们出去放松，结果当天晚上几个人喝得酩酊大醉，一直睡到第二天傍晚才醒过来。第三天早上，业务代表打开电脑，发现西门子公司于昨天下午发过来三封邮件，邮件内容是关于一些合作细节的修订建议。业务代表忐忑地拿出手机，发现手机上有三通未接来电，都是西门子公司谈判代表打来的，来电时间也都是昨天下午。

由于业务代表喝醉了，并没有第一时间给予回复，直到第三天才给出回复。虽然业务代表对此进行了道歉和解释，但是此举显然让对方产生了不满，所以在第二次谈判展开的时候，西门子公司直接推翻了第一次谈判期间谈好的合作条件。双方在第二次谈判中陷入僵局，合作计划只能宣告破产。

在日常的人际交往中，及时互动是维持人际关系的基本保障，如果一方对另一方的表态爱搭不理，那么双方的关系就容易产生裂痕，很难进一步发展下去。在销售工作中同样如此，事实上，销售工作本身就是一种以客户为中心的服务体系，销售工作的好坏与服务态度的好坏息息相关。如果服务不到位，让客户产生了不满，那么双方的合作很有可能会受到影响。正因为如此，销售员要积极与客户展开互动，而且最好在第一时间对客户的沟通行为做出回复，让对方感受到应有的尊重。

及时回复强调人们需要在合理的沟通期限内进行回复，及时回复并没有一个明确的时间限定，更多的还是需要针对具体的场景来设置。如果销售员与客户当面对话，客户想要咨询一下产品的具体性能，那么如果没有什么特殊情况的话，销售员应该立即给予必要的回复，不能对客户的话置若罔闻，也不能随意延迟。如果销售员与客户只是通过一些短信交流，那么销售员在没有及时看到信息，或者因为有急事的情况下，可以适当耽搁，但是时间最好不要拖得太久。而且，当销售员意识到自己没有及时对客户的提问做出回复，那么一定要在第一时间向客户道歉，同时对自己的"疏忽"进行解释。

需要注意的是，及时回复客户并不是简单地回复客户"嗯""哦"等词汇。这种回复只是表明销售员听到了客户的心声，但并没有针对客户的疑惑和问题给予解答，没有提供更多有价值的信息和解决问题的方案。真正有价值的回复应该是确保双方进行关键对话，也就是说，在销售员看到客户的问题后，和客户进行进一步的交流，深入了解客户的需求，把握客户最关切的问题，然后想办法提供解决问题的方案，从而刺激客户产生更大的消费兴趣和购买欲望。

为每一次交易做好充足的准备

销售工作存在很多的偶然性，也存在很多的必然性，销售的偶然性通常是指一些非确定的销售情况会出现，而必然性是指一定会出现的情况。对于销售来说，很多不确定性因素会影响最终的销售结果，但是只要销售员做好充分的准备，那么一定会将产品销售出去。做好准备工作是推动销售获得成功的重要保障，也是减少不确定性的基础。

很多人之所以经常抱怨自己的销售工作很困难，很大一部分原因是他们在销售之前从来没有认真做过准备，或者从来没有想过要做准备。这样就会导致销售过程中经常会出现一些难以控制的情况，从而影响销售员的表现。比如，销售员在给客户提供样品的时候，发现样品属于这一产品批次中的次品，而自己事先没有认真做好检查和挑选，这会让客户对产品质量产生质疑。又比如，销售员在与客户的对话中，触碰了客户的雷区，导致双方不欢而散。而如果销售员事前能够掌握对方更多的信息，了解对方对什么感兴趣，了解对方最忌讳说什么话题，那么双方就不会产生类似的矛盾。还有一些意外事件也会打乱原有的销售计划，尽管这些意外事件防不胜防，但是如果事前制定了较为详细的意外事故应对措施和一些应急手段，那么就不至于在意外发生时显得手足无措。

被誉为中国最好零售超市的胖东来,一直以来都以极致的服务著称。这里所强调的服务不仅仅是售中服务与售后服务,还包括售前服务。比如,为了更好地迎接顾客的到来,为了让顾客有一个更美好的购物体验,超市的员工每天一大早就要清理卫生,确保每一个角落都干干净净。胖东来超市的地面必须清理到整洁发亮,有人做过调查,发现胖东来超市的地面即便过了六七年,依然洁净如新,就和当初装修的地面一模一样。打扫卫生之后,员工还要将所有的商品摆放整齐,并对相关产品进行检查,包括蔬菜、水果、熟食、糕点之类的商品都要进行安全检测,看看有没有腐坏变质的产品,有没有质量不合格的残次品。

不仅如此,员工需要赶在顾客进超市之前,将"跳跳卡"全部放在商品旁边,向顾客介绍商品的特性、优点、缺点、注意事项、使用说明、适用人群等。这样一来,顾客在购买商品之前就可以更好地了解商品的相关信息,从而做出更合理的判断和购买决定。

正因为胖东来的员工每天都可以提前做好充分的准备,给顾客提供了绝佳的购物体验,进入胖东来超市的顾客很少有人会空手而回。

一般来说,企业在拓展业务,将产品推向目标市场的时候,往往会从五个方面去做好准备,即常规知识储备、工具和资源准备、对未来进行规划、制定应对措施、反复练习。个人想要拓展业务、提升产品的销量,那么在面对客户的时候也需要做好相应的准备,这些准备工作与企业的准备工作有一定的差别。

首先是"工具和资源准备"。简单来说,推销业务和产品的销售员为了更好地招待和服务客户，需要准备好自己提供服务时所需的工具和资源，包括时间、小礼品、资金、人员、产品等。只有相关的资源准备更加充分，只有对相关的产品更加了解，才能确保双方在见面时，销售员能够表现得更有底气。需要注意的是，在准备资源之前，需要先对客户的信息有一个基本的了解，针对客户的需求、喜好、性格特征等准备相应的东西来吸引他们的注意，迎合他们的趣味。

其次是"专业知识准备"。为了更好地说服客户，需要对相关的项目与产品进行深入了解，掌握更加丰富的专业知识。一般来说，销售员掌握了更丰富的知识，在与客户谈判的时候，就显得更加游刃有余，能够准确把握销售的要点，能够确保沟通的条理性、逻辑性和高效。

再次是交易场景的布置和准备。这个准备工作主要是为了营造更好的交易氛围，确保双方可以在一个更加和谐、更加愉快、更加隐私的环境中完成交易。同时，销售员精心布置场地，往往能够给客户留下一个更好的印象，客户会对销售员的用心布置产生更大的认同感。

从次是"制定应对措施"。主要是指销售员在正式交易之前，要及时制订计划以及应对意外事件的方法，并对可能出现的各种结果进行合理预测。比如客户是否会中途变卦、是否会提出一些令人难以接受的条件、交易过程中是否会出现一些意外事件，这些都会对最终的交易产生影响。为了确保交易的顺利，销售员需要制定更加完善的应对措施，避免意外到来时手足无措。不仅如此，销售员需要做好交易失败的心理准备，并且制定一套新的方案。

最后是客户分析的准备工作。这里的准备工作主要强调对客户的相关信息进行分析。了解客户的动机、需求和想法，了解客户的喜好、性格、习惯，从而针对性地做出部署，确保自己在与客户沟通时，可以更好地迎合对方的想法，从而提升对方的信任感。

另外，还要注意"反复练习"。销售员为了提升吸引力和说服力，可以先模拟接下来发生的交易行为，通过对交易过程进行模拟，对双方可能出现的交锋和谈判进行模拟，就能够更好地把握交易的节奏、交易的方法、交易的策略。然后，不断完善自己身上的不足，同时找到对方的缺口，从而提升交易的成功率。

对于销售员来说，准备工作做得越充分，自己在客户面前就越容易占据主动权，自己的一言一行也就越是得体，越能够体现出个人的能力和素养，越是可以体现出个人对于客户的重视，对于交易的重视。

第三章
卖产品，要善于抓重点

不要将重心放在价格上，而要更多地谈论价值

在日常的销售活动和交易中，一些销售员往往会将注意力放在价格上。为了吸引顾客和客户的关注，他们常常会不厌其烦地利用价格做文章，试图利用价格优势来说服对方。但是这种以价格宣传为销售核心的做法，在很多时候并不会起到什么作用，反而会让整个交易陷入价格拉锯战当中。

以价格作为销售的一个切入点，并不是不可行，但价格并不是整个交易的核心内容，也不是客户最关心的内容。许多销售员会认定自己的顾客和客户都非常在乎价格，毕竟谁都希望可以花更少的钱买到心仪的产品。但他们忽略了一点：顾客在购买产品时，最看重的应该是产品能够给自己带来什么，而不是自己花最少的钱能买到什么。

销售拥有三个核心点，提供价值就是其中之一，只有价值才能真正体现出产品值不值得购买，才能够体现出自己产品的优势。因此，销售员在构建自己的销售模式时，需要明确谈到自己能够为顾客和客户提供什么样的价值。这里所谈论的价值主要是指产品的使用价值，使用价值往往和产品的功能有关，是物品满足人类某种需求的属性，就像锄头的使用价值是锄地、茶杯的使用价值是泡茶、空调的使用价值是调节温度。不仅如此，商家还可以通过一些附加服务如培训、支持、售后来增强客户的满意度。

对于顾客和客户而言，产品的价值是客观存在的，不同产品具有不同的价值。产品的这些价值又决定了最终的价格，脱离价值来谈论价格，这本身就是一个错误的行为。

虽然价格是客户考量交易的一个重要因素，但往往不是决定性的因素，价格更多时候只是顾客谈判的一个手段。对于销售员来说，过多地谈论价格很有可能会在谈判中落入下风，因为价格高低通常都是相对而言的，客户很可能会找出其他价格更低的产品进行对比。而且，产品价格高低的背后最终还是价值高低的对比，销售员从一开始就要从价值入手，将其作为最重要的切入点。

一个奢侈品牌的手提包，专卖店标价2万元，而很多网站标价5000元。消费者会选择购买5000元的手提包吗？大多数人都不会，因为这个5000元的手提包要么是二手产品，要么是高档次仿品，虽然它的价格很便宜，但是不具备真正的价值，它不能给购买者带来满足感。而且，说到价格，一些仿品可以做到1000元，它们的价格优势岂不是更大？

有人也许会说购买汽车，有的人会购买50万元的豪车，有的人只能购买10万元的普通家用小汽车，选择低价购买汽车的家庭，难道不是因为考虑到了价格因素吗？其实不然，低收入家庭虽然会受制于价格因素，但最终考虑的还是汽车的使用价值。对他们来说，10万元左右的家用轿车完全具备了日常行驶的需求，汽车的相关功能也比较齐全。如果考虑价格，他们可能会选择2万元左右的迷你小汽车，但这类小汽车通常具有明显的短板，比如里程有限、不太方便上高速、功能很少、驾驶舒适度不好。

由此可见，真正吸引客户的往往还是价值。没有什么价值的东西，即便以成本价卖给客户，对方也未必会要；真正可以带来价值体验和满足的产品，即便价格很高，也还是有很多人愿意买单。

在历经美国多年的芯片封杀之后，华为公司依靠强大的技术积累实现了重大的突破，并且在2023年推出了重磅产品Mate 60手机。这款新手机的芯片没有一块来自美国，运行速度与苹果手机的新一代产品相比也丝毫不逊色。此外，Mate 60还带来了一项"捅破天"的技术——具备卫星电话功能，这项技术可以帮助人们在紧急情况下（没有手机信号的地方）进行求救，因此它也成了华为新手机宣传的重点。

虽然Mate 60的价格高达6999元，但是这样的价格并没有阻挡消费者购买的热情。原因很简单，Mate 60具备强大的功能，它可以为用户提供其他手机不具备的价值，这样的价值完全对得起手机的价格。

销售员过度纠结于价格宣传，本质上就是对产品价值的漠视，也是对消费者心理的误读。真正懂得销售的人，会深入问题的本质来挖掘用户的需求，而且善于挖掘不同层次的用户需求。他们会针对顾客所处的具体状况做出明确的分析，为对方提供最合适的价值。

在销售的时候，应该如何去谈论产品的价值呢？

有的人可能会直接谈论产品拥有什么性能、具有什么优势，而这样的表达往往显得威力不足，难以真正触及客户的内在需求。在谈到产品价值的时候，销售员应该尽可能描述产品的具体使用场景，而且要强调产品带来的体验和满足。

比如，在介绍某一款VR产品时，销售员可以直接告诉顾客这款产品使用安卓系统，也可以直接告诉对方"这款VR产品使用安卓系统，操作非常顺畅丝滑，产品还拥有极强的扩展性"。这两种表达方式过分侧重于强调产品的性能，并没有真正将产品的价值（客户所期待的那一部分价值）展示出来，或者说顾客很难通过这些描述来感受到具体的价值。因此，销售员应该侧重于强调产品在具体消费场景中的表现：

"像你们这样的上班族，平时工作比较忙，下了班可以在家使用这款产品调节放松一下。它使用安卓系统，操作非常方便顺畅，娱乐功能丰富，你完全可以用来玩游戏、听音乐，还可以用来看电影，它让你有一种置身电影当中的感觉。"

很明显，这种表达方式更能够凸显产品的价值，也能够更好地打动顾客。所以，销售者立足于具体的消费场景是做好产品宣传的一个重要手段。销售者可以先介绍产品的一些具体特点，然后强调某个特征对顾客会有什么帮助，最后强调产品特点和优势给顾客带来的利益和满足，从而形成一个以"产品能够满足顾客需求"为核心的介绍方式，确保顾客可以更好地体验到产品的价值。

第一次成交

加强沟通和互动才是销售中做得最多的事情

董宇辉深受网友的喜爱，一个重要的原因就在于他非常善于拉近彼此的距离，总是能够无意中戳中人们的内心。通常情况下，他不会将注意力全部放在产品的介绍上，而是像聊家常一样分享人生的点点滴滴，通过这种聊天的方式来拉近彼此的距离。

因此，他会在直播间和网友分享一些生活心得，实现人生感悟上的共情："烟火气就是浪漫气。厨房里忙碌的身影是浪漫，一朝一夕的陪伴是浪漫，浪漫可以是晚上的一杯热牛奶，可以是早上为爱人做的早餐，浪漫不分早晚。"

为了鼓励直播间的粉丝振作起来，他会非常暖心地激励对方："太阳的光照在地球上需要八分钟，你的美好，你的优秀，你的不甘平凡，你的宏图伟略，也需要时间给别人看见。你不是不优秀，只是还没有等到你的时间而已。"

又比如，他会说："痛苦是对的，痛苦源于你对现状的不满，只有不满足现状的人才痛苦，痛苦的人才有欲望去改造一切。焦虑也是对的，说明你想做得更好，说明你追求高，说明你眼界高，说明你知识多，所以痛苦和焦虑往往才是真实的你我。"

在介绍产品时，他也不会死板地告诉粉丝，产品有多么好，产品的价值多么高，而是非常巧妙地将其融入生活场景当中，将其当成美好生活的调味剂。比如，介绍一款玉米时，董宇辉非常感慨地回忆了童年生活："我小时候在农村长大，那些无忧无虑的童年夜里，夏末初秋时节，在农村院子里躺在凉席上，听大人们讲他们一天的收获和明天的计划。夜风吹来树叶沙沙作响，夜空中繁星点点，偶尔飞过一两只鸟，发出清脆的声音。那些夜里，我要么抱着一个井里冰镇过的西瓜大快朵颐，要么啃着一根自家地里种的玉米，口感正如这根玉米。我回不到那个年龄，但我可以找到那个年龄属于我的味道。"

还有一次卖大米时，董宇辉对粉丝说："你后来吃过很多菜，但是那些菜都没有味道了。因为你每次吃菜的时候都得回答问题，都得迎来送往，都得谨小慎微，你不放松。你还是怀念，回到家里炒一盘土豆丝、炒一盘麻婆豆腐、炒一个西红柿鸡蛋，那个饭吃得真让人舒服。"

在直播带货的时候，董宇辉会非常耐心地同每一个进入直播间的人交流，会谈论一些与产品关联不大的生活话题、社会话题，并以此作为拉近关系的保障。

IBM公司曾经对中国各银行的销售效率非常感兴趣，于是就邀请管理学专家、销售大师尼尔·雷克汉姆专门调研中国银行业的产品销售流程。经过一段时间的观察和研究，雷克汉姆得出了一个结论：从客户与银行员工见面，到客户最终购买银行的理财产品，整个过程中，双方针对理财产品这一话题的交谈时间只占了总时长的10.2%。而其余时间，双方都在谈论一些和产品交易没有什么关联的话题。银行里的业务员更多时候只是同客户谈论双方的穿着打扮、兴趣爱好，甚至只是一些八卦娱乐新闻。

为什么很多销售员并不急于向客户推销自己的产品和服务，而是将大部分时间花在和工作无关的闲聊中？为什么那些想尽办法推销产品的人，常常会在喋喋不休的自我介绍和产品介绍中被客户拒绝？这些问题其实涉及销售工作的本质，销售的本质并不是所谓的"推"，而是更加强调"吸引"。销售员花费大量时间去介绍和推销自己的产品，将产品的性能和价值输送给客户，效果往往不会很好，因为销售员并不清楚自己的客户是谁，他们在哪里，他们对产品是否感兴趣，是否对自己有好的印象。毕竟同类型的产品有那么多，销售员凭什么让客户对自家的产品感兴趣呢？与此同时，钱在客户手中，决定权在客户手中，销售员越是表现得主动，就越容易在交易中陷入被动。

真正的销售应该强调吸引力，销售员应该想办法先吸引客户的关注，尤其是当他们并不清楚对方是否需要自己的产品时，更应该先获得客户的关注和认同。这种认同不一定是产品的广告营销，还包括情感的连接、想要促进情感交流，日常的一些闲聊和互动就变得很有必要。总的来说，销售活动不是单纯地推荐产品和服务，而是需要针对交易进行必要的沟通和互动，沟通和互动才是整个销售过程中占比最大的工作。也许许多人会觉得类似的闲聊更像是说"废话"，但想要提升销售的质量和效率，销售员就要善于说"废话"，就要懂得和客户多说"废话"。从人际关系的角度来说，通常只有那些关系最亲近的人才会说一些和工作无关的"闲话"和"废话"，销售员多聊一些家常，多聊一些生活中的琐事，反而更显得亲近，也更容易让客户放下戒备。

一般来说，为了拉近彼此的关系，给客户留下一个更好的印象，销售员可以想办法挑起一些生活话题，比如谈论各自的工作情况、谈论孩子的学习、谈论衣服和美食、谈论身体健康、谈论一些社会现象或者同期社会上发生的有趣的事情。只要能够引起双方的兴趣和共鸣，那么对于双方具体应该谈些什么并不需要多作限制。

做好产品销售，要给予客户更多的安全感

从消费心理学来说，相比于能否买到产品，消费者更加关心的是自己是否买到了符合预期的产品，或者说关心自己购买的产品是不是货真价实的，是否真的能够满足所有的交易条件。因为对于消费者来说，大部分人对于产品存在认知上的不足，这种信息不足会导致他们在购买产品时产生各种疑问，并且担心自己的购买需求无法全部得到满足。

对于产品的担心其实是一种消费安全感的体现，安全感是消费者产生消费行为的根本保障，也是销售人员需要重点解决的问题。从社会学的角度来分析，几乎所有高质量的人际关系都具备三个关键特征：开放和真诚、关心和体贴、安全感和信任。如果消费者对相关产品和服务不够信任，对自己所能获得的价值满足持怀疑态度，那么产品的销售就会变得非常艰难。这种安全感并不仅仅局限于自己是不是购买到了假冒伪劣产品，对方是不是缺斤少两，产品是不是存在质量问题和安全隐患，它包含了多个方面，比如产品的使用价值和质量是否真的像宣传的一样出色、产品的相关优惠活动是否有效、产品的售后服务是否成立等。

无论是产品功能、质量、价值、售后服务，都会成为安全感的着力点，而消费者对于产品的担忧会影响他们的判断和决定。因此，销售员在具体的

销售场景中需要想办法给予消费者足够的保障，消除消费者的戒心和不安。

首先，销售人员的描述必须符合实情，不能随意夸大产品的性能和价值。实事求是是销售人员的基本素养，也是产品保持吸引力的前提。

以新能源汽车为例，如今有很多新势力为了拓展市场，不断强化汽车的相关功能；但在现实的操作过程中，消费者会发现汽车的功能并没有那么出色，比如电池续航明显缩水、充电速度偏慢、汽车的自动化行驶技术存在漏洞、汽车的防撞功能非常糟糕等。诸多问题的存在，使得很多消费者对这些新势力保持很大的质疑。

其次，给予一些真实的优惠，少一些套路。商家或者销售人员在出售产品的时候，可能会依赖降价、折扣或者附加一些赠品的方式来吸引顾客。在设置优惠政策时，必须确保所有的政策都能够落实，而且需要拒绝一些套路，这样才可以真正满足消费者的需求，同时提升他们的信任。

比如，某服装超市的售货员会推出"买一送一"的优惠，可是当顾客拿着两条一样的裤子付账时，售货员会告诉他们"所谓的买一送一，是指买一件衣服，超市会赠送一双袜子"，这样就是典型的套路。又比如，最近几年的"双十一"，许多商家会打出5折甚至更低的折扣，但这些商家在"双十一"到来之前，会将原有的价格提升一倍，甚至更高，这样一来所谓的折扣反而成了获得巨额利润的套路。

再次，在相对固定的时间段内，销售人员需要保持销售的一致性，不能随随便便做出调整和改变，以确保产品的保值能力。

比如，某地的一家房地产企业为了快速回笼资金，公司的售楼部开始对新客户进行打折，上半年15000元一平方米的房子，下半年只需要8000元一平方米。这种折扣确实有助于推动销量的提升，帮助企业解决资金不足的问题。不过，这种折扣模式却引发了小区业主的不满，毕竟谁也无法忍受短短几个月时间，自己的房子会降价几十万元，所以他们纷纷拉着横幅去售楼部维权，坚决反对降价。

这种大幅度降价的模式存在很大的弊端，首先，会导致原有的购房者心理失衡，从而增加了房地产企业与房主之间的矛盾。其次，许多打算购房的人也会对这些地产企业失去信心，因为他们担心自己买来的房子还会继续降价。正因为如此，商家和销售员必须在某一阶段内保持稳定的、一致的销售模式，盲目调整和改变就会让品牌失去公信力。最后，要做好售后服务，通过优质的服务留住顾客，同时建立良好的口碑，吸引新顾客。

一个完整的销售环节必须包括售后服务，因为顾客在购买产品之前会考虑自己的产品是不是真的质量过硬，一旦出现了相关的问题，是否可以及时进行维修，产品是否可以通过系统升级和优化来拓展功能。如果没有充分的售后服务保障，顾客很难对产品和商家产生足够的信任。正因为如此，销售人员从一开始就要拿出足够周到的售后服务条款，为顾客提供一个保障，像七天无条件退货、免费安装和升级。

总之，销售人员需要在推销产品和服务的过程中，保证顾客的权益不会受到影响，从而帮助顾客构建起更强烈的安全感。

说服客户的第一步，就是抓住他们的好奇心

甲、乙两个销售员都在向顾客推销自己的装修方案。

甲说："我们家的装修方案是最合理的，比如，我们的材料用的都是环保材料，而且价格也非常公道，不像其他装修公司那样以次充好，让你花了价钱只能买到不环保的材料。此外，我们这里的装修设计都非常合理，什么地方要用好料，什么地方不需要浪费资金，什么地方需要进行加固处理，什么地方没有必要装修，都为你安排得明明白白，绝对不会让客户花那些冤枉钱。"

乙说："说到装修，其实里面的水很深。在这里，我作为一个业内人士，可以负责任地告诉你，很多装修公司的资质是不过关的，他们会在装修材料上给业主挖坑，常见的就有四个陷阱。"

对比甲、乙两人的话，就会发现销售员乙更容易引起客户的兴趣，原因就在于乙并没有直接详细地谈论装修材料中常见的陷阱，而是非常笼统地谈到市面上存在几种问题。这样一来，有效地挑起了客户的好奇心，他们迫切地想要知道市面上究竟存在哪些装修陷阱。这个时候，乙再进一步谈到装修材料的常见陷阱便可以收到良

好效果：

●材料以次充好，用不环保的材料充当环保材料来使用；

●很多不需要装修的地方进行过度装修，导致客户多花很多冤枉钱；

●装修材料的价格普遍偏高，自己买的话会便宜很多；

●装修材料少用多买，导致大量装修材料剩余。

经过乙的进一步解释，客户这个时候就会形成一个惯性认知：乙所提供的装修方案一定是合理的，不存在装修材料的陷阱，否则他也不会将这些陷阱一个个说出来了。很显然，由于乙更善于抓住客户的好奇心，反而可以有效吸引客户的关注，一下子就打开了客户的眼界，从而为接下来的推销奠定坚实的基础。甲说的话很难让客户抓住重点，认识到谈话中的价值。

在销售过程中，销售员面临的最大问题不是自己的产品有多么好，或者有多么糟糕，而是激烈的竞争环境带来的客户选择困难症。面对各种各样同类型的产品，加上相关产品的信息缺失，客户通常很难做出正确的判断和抉择。这种情况下，商家或者销售员想要说服客户购买自家的产品和服务，难度就会增加，因为在客户看来，其他的商家同样具备竞争力，他们没有理由只在某一个商家这里消费。

信息的大爆炸以及严重的产品同质化，会影响客户做出判断，也会让销售方在市场上显得很乏力。对销售员来说，想要确保产品顺利卖出去，很关键的一步就是如何在同质化严重的市场上脱颖而出，能够让客户一眼就关注自家的产品和服务。用专业术语来说，就是抓住客户的眼球，发展注意力经济。而发展注意力经济的关键则是激发和把握客户的好奇心，利用客户的好奇心逐步推销自己的产品，强化产品的吸引力。

那么，销售员应该如何抓住客户的好奇心呢？

一些心理学家认为，好奇心常常是剥夺感驱动的，最根本的原因就是信息差的存在。当客户对相关产品和服务的信息了解不够时，就会产生好奇心，而且对信息差越是敏感的人，越是渴望了解事情的本质以及了解事情变化的过程，他们的好奇心也就越强烈。正因为如此，销售员在面对客户的时候，需要保持适当的信息优势，或者可以刻意制造一些信息差，隐晦地告知客户一些不容易知道的"消费知识"，从而吊足对方的胃口。

有一些心理学家认为，好奇心来源于感官刺激的追求。当个人渴望获得更强烈的感官刺激时，就会对自己所要接触的东西充满好奇心，并且努力去满足自己的内心需求。他们会觉得自己购买的产品一定非常出色，可以让自己获得美好的视觉体验、听觉体验、味觉体验、触觉体验，或者嗅觉体验。考虑到这一点，销售员可以尽可能地在产品宣传当中增加一些画面感，通过更生动的画面描述以及更形象地表达，勾起对方的兴趣。

还有一部分心理学家认为，好奇心与知识体系的构建有很大关系。在一个复杂的环境中，大量未知事物的出现，会导致无知的边界迅速扩大。人们在追求新知识、拓展知识边界的时候，不可能无限拓展出去，相比于知识的增加或者减少，好奇心所要承担的责任，更多地包含了对那些高价值信息的认同。而压缩和精进自己现有的高价值知识，可以让自己进一步了解世界的本质。针对这种情况，销售员要做的就是使用一些总结性的语言去帮助客户更好地理解产品和服务，了解什么样的消费才是合理的。像刻意强调装修陷阱不仅有效制造了信息差，还有效地帮助客户进一步增加自己的装修知识，从而加深客户对合理装修的认知，而这正是吸引客户的重要原因。

总之，好奇心的出现都是源于对内心所需的一种满足，无论是信息填补、信息整合,还是感官刺激,都是寻求自我满足的一种方式。销售员要做的就是挖掘客户的这些需求,利用这些需求增强产品的吸引力。

"金玉其外"往往很重要。在日常消费中,人们经常会谈论"某个产品有没有卖相"。其实,"卖相"就是产品的观感,而产品的包装最能带来直观的感受。包装是产品是否具备吸引力的一个重要因素,也是吸引客户的第一层保障。客户在选择产品的时候,首先会注意的就是产品的包装,他们会先看看产品的包装是否具有美感,包装的材质是否高档,包装是否得体,然后依据外在的包装判断产品的价值。从某种意义上来说,产品的包装就是产品最直接的营销语言。

许多商家和销售员会觉得,只要自己的产品性能强大、质量过硬,那么就一定可以赢得市场的欢迎。可是,很多人对于产品的内在的性能并不了解,即便销售员说得多么天花乱坠,他们也很难建立一个明确的认知。产品的使用寿命是多长,产品的性能多强大,产品的配件多么出色,消费者对这些都很难有一个直观地了解。相比之下,人们对于产品的包装有着更清晰地判断。按照惯性思维,他们会认定包装更好的产品,往往质量更有保障,产品的档次也越高。

哈佛大学著名教授鲁道夫·阿恩海姆在谈到思维时,这样说道:"语言只不过是思维主要材料(表象)的辅助者,只有清晰的表象才能使思维更好地再现有关的物体和物体之间的关系。"在他看来,思维的基本材料是表象,而不是人们通常所说的概念或语言。当人们对事物的整体结构特征进行了抽象把握时,就已经成为知觉和一切初级认知活动的基础。其中,人们的视觉会因为先天的知觉优势而成为最重要的一种信息体验模式,它可以清晰地还原和反映外部世界呈现出来的丰富信息。

在销售情况中就是如此,销售员必须意识到一点:人们所接收的大部分信息都来源于视觉，视觉体验会帮助人们形成第一印象，而且人们只愿意相信自己看到的东西，对于那些看不到的没有呈现出具体形态的东西和机会，往往不善于把握（对于产品的具体性能和相应的参数，客户未必了解，很多时候客户会通过产品的包装来做出最初的判断）。因此，包装是影响销售效率的一个重要因素。公司要重视产品的包装，通过更好的包装来吸引客户的注意力。

首先，包装可以体现商家对产品和客户的重视程度。如果产品的包装非常简陋，说明商家对产品的销售并不那么关心，对客户也不那么关心。包装不仅仅是产品的外部展示方式，还迎合了客户追求体面、追求高档的心理需求。客户需要借助产品来提升自己的形象和地位，而良好的包装具备增值的功能，从一开始就会让消费者和客户得到满足。想象一下，如果客户拿着一个包装简陋的产品去送礼，他们会多么尴尬。

其次，包装从某种意义上代表了商家的品牌形象。包装是品牌的外在表现，品牌形象的树立虽然最终来源于产品的价值，但是对于不了解产品的人来说，包装则是一家企业或者一个品牌的门面。面对一个包装不够出色的产品，客户会认为产品背后的品牌缺乏影响力。就像烤鸭一样，用袋子散装的烤鸭与用精美包装盒装好的烤鸭相比，明显存在品牌影响力不足的问题。可以说，包装可以有效起到品牌识别的作用。

最后，包装的好坏往往与产品好坏联系到一起。尽管包装的好坏并不意味着产品的好坏，但是按照消费者和客户的惯性思维，一个产品的外在包装非常精美的话，他们通常会认为产品的档次会比较高，产品的质量会有保证；反之，如果产品的包装很糟糕、很敷衍，那么产品的质量便会受到质疑。对于商家和销售员来说，打造更好的包装是提升产品吸引力的重要因素。

一个酒商生产了一些白酒，准备推向市场。一开始他用普通的玻璃瓶装酒，拿到市场上去卖，结果因为包装太简单只卖出去几瓶，而且售价才一瓶几十元。他的朋友品尝这个酒商的酒后，觉得酒商的酒非常好，味道也很正宗，不应该卖那么便宜。于是，他帮忙出了一个主意，让酒商定制一批高档的酒瓶，然后还让人设计和生产了一批木盒，包装之后的白酒定为1000元一瓶，结果这批白酒推向市场后很快就销售一空。

提升产品的包装是强化产品形象（包括产品增值）、品牌形象、个人说服力的重要策略，它在整个销售工作环节中起到重要的作用，销售员需要将其当成一个关键工作来对待。那么，商家和销售员应该如何提升包装的质量呢？

从营销的角度来看，提升产品包装的目的主要是刺激客户的视觉，从而让客户对产品产生更高的期待。因此在包装产品的时候，需要重点从外部包装的图案设计、色彩搭配、包装材质、外形设计上下功夫，确保客户第一眼就会对其产生兴趣。不仅如此，产品的外在包装应该得体一些，要与产品相契合，包装的相关设计应该尽可能保持简约风格，同时含有深刻的含义。最后，所有的元素设计要保持整体性、统一性，彼此的搭配要和谐，这样才能使整体的包装看起来具备美感，与产品也更加匹配。

卖产品不如卖服务，增强顾客的体验感

现在，越来越多的商家开始注重服务，无论是海底捞，还是胖东来；无论是电商平台的七天无条件退货，还是一些商家推出的免费体验服务，本质上都是强化服务水平的表现，目的就是为了通过更优质、更周到的服务来吸引客户的关注。从营销的角度来看，商家对服务的看重主要和服务的特性有关。考虑到产品同质化比较严重，想要单纯依靠产品来把握客户的注意力变得越来越困难，从服务方面寻找突破口正在成为商家和销售员重点关注的点。从某种意义上来说，服务可以在一定程度上弥补产品力的不足，也可以帮助产品增值，因此很容易就获得大家的青睐。

而在各种不同服务体系中，真正核心的问题是满足客户的需求，给予客户更好的消费体验。可以说，增强客户的体验就是服务的最终目的，也是强化服务最关键的点。如果对服务话题进行延伸的话，大部分的服务最终都在演化和创建成为一种体验式经济。

美国俄亥俄州的战略地平线顾问公司的创办人约瑟夫·派恩以及詹姆斯·吉尔摩曾经在《哈佛商业评论》中谈到了体验式经济。按照他们的说法，体验式经济强调以服务为重心，以商品为素材，通过一些独特的服务形式和销售模式为客户提供一些值得回味的感受。在体验经济中，商品只是一种道

具，是用来迎合消费者追求感性与情境诉求的一种元素。一般情况下，商家和销售员会通过氛围营造、故事营销等方式，引导消费者在商品以及具体的消费行为当中产生美好的回忆，同时也可以通过一些积极互动以及沉浸式的体验方式来创造美好的记忆。

哥伦比亚商学院国际品牌管理中心创立者伯德·施密特博士在《体验式营销》一书中则提到了体验式营销的概念。在传统的销售思维中，消费者被认为是理性的，他们只关心一个产品对自己是否有用，只想着价格是否合适。伯德·施密特则认为，消费者在消费的过程中兼具感性与理性，销售员想要找到消费者的消费密码，想要了解消费者的消费行为与品牌经营、产品销售之间存在什么关系，就要弄清楚消费者的相关体验。

对于商家和销售员来说，理性固然非常重要，但是感性的东西往往充满了诱惑，比理性思维更具说服力。这是因为理性的说服通常来源于后天的学习和成长，而感性的诱惑则是先天的本能。正因为如此，在体验式营销中，消费者的体验成了一个重要的卖点，而销售员要做的就是通过更好的服务为客户提供极致的体验。

有一家珠宝店为了推广自己的生意，推出了一项非常个性化、人性化的服务，那就是为那些准备结婚的新人打造专属于自己的定制珠宝。同那些单纯为客户雕刻名字的珠宝店不同，这家珠宝店会邀请新人同珠宝设计师一起设计结婚佩戴的珠宝，新人可以按照自己的想法提出设计思路，赋予珠宝不一样的寓意。在设计女方所需的项链、手镯、戒指、耳环的时候，设计师会重点征求男方的意见和建议，尽可能多地融入男方的想法。而在打造男方的戒指时，女方可以掌控设计大权。这样做的目的就是让新人可以亲手帮助爱人设计出包含爱意的珠宝。这项服务一经推出，这家珠宝店就受到了众多年轻人的关注和欢迎，大家纷纷将其当成步入婚姻殿堂的第一站。

2023年非常火爆的舞蹈"科目三"，几乎成为全民娱乐的重要项目，就连著名的火锅品牌海底捞也开始抓住这一波热点，不少海底捞的分店推出了"科目三"的舞蹈项目。员工在顾客用餐的时候，会齐刷刷地跳起"科目三"的舞蹈，魔性的舞蹈和音乐，搭配美味的火锅，瞬间引爆了市场。许多消费者慕名前往海底捞消费，目的就是体验边吃火锅边观看舞蹈。虽然，海底捞员工的做法充满了争议，但毫无疑问这种做法带来了人气，体现了体验式经济与体验式消费的受欢迎程度，体现了体验式营销的魅力。

伯德·施密特博士认为，体验式营销的基本内容包含了五个基本内容：消费者的感官、情感、思考、行动、关联。商家和销售员在强化服务时，可以选择从这五个方面出发。

感官：商家在打造自己的产品或者项目时，要侧重于刺激和满足客户的感官体验，提供一些愉悦耳目、放松身心的服务，让客户的视觉、听觉、触觉、嗅觉、味觉获得极致的享受。比如，有很多商场在服务客人的时候，会在商场中心搭建一个舞台，表演者可以在舞台上唱歌、跳舞、说相声，吸引客人观看各种节目。

情感：商家在服务的过程中，会设定一个特殊的情景，加入怀旧、亲情、友情、爱情、同情心之类的情感元素，可以有效打动客户，强化他们对产品的印象。比如，一些咖啡厅会播放一些怀旧歌曲，引发客人的共鸣。

思考：商家可以选择一些有深度有内涵的服务，通过富有创意的服务项目引发客户的好奇心和兴趣，并引导客户对相关的主题进行更深层次的思考，同时努力为客户创造认知和解决问题的体验，从而提升产品和品牌的深度。比如，不少酒店推出了光盘行动，尽量选择更小的盘子盛放食物，针对每一桌的用餐人数设定一份合理的套餐和分量，确保食物不会被浪费，而这类服务往往可以引发用餐者"珍惜食物、节约粮食"的思考。

行动：商家可以设置一些互动性的娱乐活动，让客户在享受服务的同时可以参与到销售活动和服务活动当中来。一些饭店为了吸引客人，会推出唱歌项目，只要客人能够成功唱好店家提供的歌曲，并且赢得店内多数客人的认同，那么这个客人就可以免付自己的用餐费用。

关联：关联包含了以上几个层面的内容，商家通过一些有意义、有深度的内容设置，引导客户将相应的服务活动与自己的成长诉求完美结合起来，使其与理想中的自我、他人以及文化产生关联。一些商家在出售商品时，会赋予商品一些社会文化内涵，一些狂热的追随者会将购买相关商品作为个人成长和完善的一部分，作为自我识别的一个重要部分。

商家和销售员把握好以上五个方面的内容，就可以更好地把握体验式营销，从而打造出更具吸引力的销售模式。

产品销售的关键,在于维护客户良好的形象

20世纪40年代,雀巢公司率先研制出了速溶咖啡,并快速推向市场。公司认为人们生活节奏太快,根本没有时间坐下来慢慢研磨和享受咖啡,速溶咖啡免去了磨咖啡豆等烦琐的制作工序,只要拿开水冲泡便可以享受香浓美味的咖啡。速溶咖啡可以确保那些喜欢喝咖啡的人能够平衡好生活与工作。

雀巢公司信心满满地认为速溶咖啡一定会大卖,结果市场给公司泼了一盆冷水——连续几个月速溶咖啡都销量惨淡。针对这种情况,雀巢公司着手进行了一次市场调研,很多被访的家庭主妇说出了内心的想法,她们认为速溶咖啡的味道不好,因此自己并不打算购买。其实,早在研制速溶咖啡时,公司就想到了这个问题,因此尽可能还原了咖啡豆的原味,普通人很难分辨出口感上的不同。公司还专门进行了一次口味测试,测试人员让受访的家庭主妇品尝速溶咖啡和豆制咖啡的味道有什么不同,结果受访者根本分辨不出二者的差别。

很明显,那些认为速溶咖啡口感不好的家庭主妇在撒谎。测试

人员意识到可能问题并不出在口感上，或许消费者排斥速溶咖啡另有原因。不久，测试人员编制了两张购物清单，两张购物清单上列出了数十种完全相同的商品，只是一份清单上写的是速溶咖啡，另一份清单上写的是新鲜咖啡。接下来，测试人员将两份清单发给接受测试的家庭主妇，让她们分析这两张购物清单背后的购买者是什么样的人。

受访者在描述购买两张清单商品的家庭妇女形象时，给出了截然不同的答案。她们认为购买速溶咖啡的家庭主妇往往比较懒惰、邋遢，生活基本上没有什么计划，而购买新鲜咖啡的家庭主妇，追求生活质量，很有品位，喜欢通过烹饪来享受生活。此时，雀巢公司终于明白，速溶咖啡之所以受到市场的排斥，就是因为人们将它的便捷性与懒惰、邋遢的形象联系到了一起，从而影响了大家的消费欲望。

社会学家发现，现代消费者通常都会想方设法进行自我推销，他们会通过自己所消费的商品和服务来互相夸大自己有多么健康、聪明和有人缘。著名的进化心理学家杰弗里·米勒（Geoffrey Miller）在《超市里的原始人》一书中就提到了一个很有趣的观点，他认为人们购买东西的一个最大动机就是为了展现自己的完美形象："人类在一个形象和地位至关重要的小型社会群体中进化，不仅为了生存，还为了吸引伴侣，给朋友留下深刻印象，以及抚养孩子。今天，我们用更多的商品和服务来装饰自己，以便在他人的大脑中留下深刻印象，而非享受拥有物质所带来的快乐——这一事实使得'唯物主义'成为大部分消费的深刻误导性术语。许多产品首先讲的是品牌，其次是购买对象。我们庞大的社交灵长类动物的大脑逐渐在追求一个中心的社会目标：在别人的眼中看起来很好。"

让·波德里亚在《消费社会》中也说："人们的消费行为不是基于商品的使用价值，而是追求产品背后的符号意义。企业不仅生产了产品，而且通过广告，媒体宣传等途径制造了人们的需求。通俗的讲，就是'饱暖思淫欲'，使用价值已经无法满足消费者蠢蠢欲动和'成为更好的自己'的追求。"

很多销售员会想办法证明自己的产品很好，甚至是同行业中最好的，但这一类宣传往往不会产生太大的效果，即便这些产品在技术层面拥有很大的竞争优势，但产品的好坏不是由销售员和商家来定义的，而需要由顾客来定义。顾客的评判标准就是产品好坏的标准，顾客认定的好才是真的好，顾客认定的差就一定很差，因为那些好东西真正在主观上满足顾客的形象需求，可以让他们在群体生活中变得更加自信和乐观。

现代营销体系以及销售模式几乎都在为这样的心理而服务，所有的营销手段和销售的策略都是为了满足人们改良自身形象的需求，这不仅体现为对顾客的消费习惯、审美情趣进行赞美，还要确保自己的产品能够迎合客户维持良好形象的需求。那么，商家应该如何通过销售来维护客户的良好形象呢？

首先，销售员介绍的产品以及提供的服务，最好符合客户的身份和地位，能够与客户所处的社会阶层、消费能力、社会地位相匹配，这样才能迎合客户的想法和需求。当产品的档次不符合客户身份的时候，就可能会引起对方的不悦，对方可能会觉得销售员在故意让自己难堪。

其次，销售员提供的相关产品和服务必须符合社会主流价值观，相关的服务不会对客户的人格、身份、声誉、自尊心造成困扰。如果销售员所提供的服务不合理，存在违反道德的行为，甚至违反了国家法律，那么就会对客户的个人形象和名誉造成严重的损害。比如许多商家在销售的时候，会重点强调"国货"，或者重点强调产品的社会效益和公益价值，这样就会让客户意识到自己的购买行为能够为社会做出贡献。

最后，销售员提供的相关产品和服务必须让客户意识到他们是独一无二的，必须让客户获得更大的精神满足，这样就可以让客户对相关产品和服务产生更大的兴趣。现如今，很多主打产品定制的服务越来越受到市场的欢迎，本质上就是因为它们迎合了消费者追求与众不同、独一无二的消费心理。

总之，客户非常期待着自己可以借助某一类商品或者服务实现自我形象的升级，因此在销售的时候，销售员需要确保自己的产品和服务能够帮助客户制造光环，或者让他们意识到自己正在变得更优秀、更完美。

第四章
面对不同的顾客，要采取不同的销售策略

第一次成交

做好市场调研工作，把握不同的市场需求

客户是商业模式的核心，没有客户的企业是无法长时间存活的。那么，企业需要如何寻找客户呢？首先要做的就是细分客户，因为不同的客户会有不同的需求，企业要做的就是找出不同需求的客户进行分类，然后针对某一类型或者领域内具有共同需求、共同行为、共同属性的客户，提供相应的产品和服务。而在此之前，需要企业做好市场调研工作，了解客户的层次划分和具体的需求划分。

巨人网络的创始人史玉柱曾经提出了著名的"721法则"，所谓的"7"是指商家和销售员要花70%的精力去关注消费者和客户；"2"是指商家和销售员要投入20%的精力做好终端执行，提升服务的质量；"1"是指商家需要花10%的精力用来管理经销商。多年来，史玉柱一直积极做好品牌规划工作，将70%的资源和精力放在消费者调研上。在他看来，市场调研既是销售工作的开端也是终端，从市场调研到传播推广，可以帮助企业形成一个完整的市场闭环。

2018年小罐茶卖出了20亿元，成为中国茶叶品牌零售额的第一名。这一切源于创始人杜国楹的销售思维，他给每一个业务员提出了要求，那就是坚守"先识别用户、识别需求、识别场景，再做解决方案，来满足用户需求"

的基本销售理念。"识别用户、识别需求、识别场景"的本质就是做好市场调研，找到市场突破口。了解市场上的需求层次以及需求类型，做好产品的细分工作，这样就可以在具体的销售工作中更精准地服务客户。

在很多时候，许多企业和商家对于销售缺乏最基本的认知。他们通常只知道市场有需求，但是需求在哪里，受众对象主要是谁，整个市场又是如何划分的，却一无所知。因此在销售的时候，没有明确的针对性，也没有所谓的销售重点，往往进行无差别推销的模式，而这样的销售模式效率非常低。相反，那些做了市场调研，对市场需求有着更为清晰认知的商家，在销售产品的时候会针对不同类型的客户做出调整，提供更合适的产品和服务，确保产品保持持续的吸引力。

某家化妆品公司为了打造一个更加合理高效的销售体系，花费两年时间做了一项本地市场调研工作。经过详细的市场调研，公司发现化妆品的主要消费人群是女性，几乎85%以上的化妆品都被本地的女性消费了，其中18~40岁的女性对化妆品的需求最大，几乎占据了80%的市场。

进一步进行调研和分析，就会发现在年轻女性消费群体中，底妆、口红、眉笔仍旧是最基本的化妆产品，需求量最为强劲。而不同阶层、不同年龄段、不同工作的女性对于化妆品的选择不同，比如学生群体更加注重化妆品的性价比，而且对化妆品的需求并不大；白领阶层更加注重素雅清淡妆容，追求便捷高效，她们通常更喜欢日韩化妆品，而高级白领喜欢追求品牌，尤其是进口化妆品；已婚女性对化妆品的需求较大，而且妆容比较浓，不过家庭主妇对化妆品的需求并不大。

此外，老年化妆品几乎没有什么市场，但是发展空间很大。随着老年经济的发展，老年化妆品会迎来爆发性的增长。同样地，男性化妆品消费市场一直被忽略，而男性作为最有经济实力的群体，完全有消费的实力，因此他们是最值得商家关注的群体之一。

在做完调研分析之后，这家化妆品公司开始在自家的门店设置不同的产品展区和销售专区，专门为不同需求的人服务。其中，男士化妆品与老年化妆品销售专区的开设立即吸引了大批顾客的关注，公司安排了专业的化妆师为男性顾客和老年人进行指导，帮助他们设计适合自己的妆容。也正是因为如此，这家化妆品公司在短短几个月时间内，就登上了本地市场销售额第一名的宝座。

市场调研是了解社会不同需求的一种有效方法，也是提升销售质量的关键。在今天，即便是那些最伟大、最优秀的跨国公司也必须在开发新市场的时候做足文章，即便它们拥有最具影响力的品牌，拥有最完善的销售渠道，拥有最负盛名的企业文化，拥有最专业的销售队伍和最好的产品，但是市场的多样性和需求的多维度决定了企业不可能采取单一的销售模式和服务模式征服所有的市场，不可能凭借单一的产品和产品性能赢得所有客户的认同。为了确保销售更具针对性，企业需要做好市场调研工作，为接下来的销售奠定坚实的基础，确保所有的销售工作更有条理。

一般来说，想要了解市场多样化的需求，就需要在市场调研中做好以下几项工作：

首先，对潜在的客户群体进行精准分类。按照社会阶层、经济条件、工作模式、地域环境、文化习俗、年龄大小等进行分类，了解每一个类别消费者的消费习惯、审美情趣、消费心理，最好可以针对性地制定一些档案。

其次，对自己的产品进行分类。按照性能、价格进行划分，然后看看每一种类型的产品在市场上的具体表现，然后有针对性地对每一种产品的销售模式做出调整。

最后，市场调研工作并不总是直接针对市场上的潜在客户，也针对行业内的专家。这些人对于市场往往也非常了解，了解他们的想法，往往可以更好地把握市场上一些容易被忽略的问题，可以更好地对自己的产品进行改进和完善。

需要注意的是，无论是哪一种类型的市场调研，最终都要针对调研情况出具调研报告。商家和销售员应该按照报告内容调整自己的产品输出和服务输出，确保自己的服务能够迎合不同阶层、不同类型的市场需求。

做好顾问式销售，深度挖掘顾客的需求

随着销售市场的竞争越来越激烈，人们都在想办法改进销售的模式和方法，都在努力提升销售的效率，因此许多人会选择采用顾问式销售的模式。

顾问式销售是指销售人员站在专业角度和客户利益角度，为客户提供专业意见以及相应的增值服务，从而确保客户能够在对产品或服务购买方面做出正确选择，并且顺利发挥产品或者服务的价值。顾问式销售可以促使客户对产品或服务的品牌提供者建立深厚的感情，培养品牌的忠诚度。这有利于日后进一步开展关系营销，推动双方建立长期稳定的合作关系，甚至交易双方也能够组建一个战略联盟，确保双方在合作中能够实现共赢，并提升各自的影响力和竞争力。

传统销售理论认为，顾客就是上帝，因此商家和销售员有必要提供更好的商品和服务，而所谓的好商品就是那些性能好、价格低的产品，所谓的好服务是快速卖出产品的一种技巧和方法。但顾问式销售则将顾客当成销售者的朋友，顾客被当作是与销售者存在共同利益的一个群体，在顾问式销售模式中，好商品不仅能够满足顾客的基本需求，同时还要提供好的服务，因为服务本身也是一种商品。顾问式销售将销售者重新定位为客户的朋友、销售者和销售顾问，扮演好这三种角色，能够让销售工作更加顺畅。

那么，如何才能真正做好顾问式销售呢？一般来说，客户的购买行为通常包含了几个部分：产生需求、收集信息、评估选择、购买决定和购后反应。顾问式销售则可以针对顾客的购买行为，设置几个基本的步骤来推动销售工作，包括挖掘潜在客户、拜访客户、筛选客户、掌握客户需求、提供解决方案、成交、销售管理这些步骤。不过，核心的工作还在于了解客户的基本消费信息，针对客户的消费行为、兴趣，以及遇到的问题，提供最精准的咨询服务。

比如，著名的推销训练大师汤姆·霍普金斯曾经总结了一套非常实用的销售方法：NEADS法。其中，N（now，现在）指的是了解对方（客户）现在所拥有或者所呈现出来的东西，包括个人的消费经历、消费习惯、资金状况、个人喜好等，掌握了这些资料，就可以更好地帮助客户制定消费选项。

E（enjoy，享受），主要是指客户当前使用什么类型的产品，所享受到的服务是什么，对相关的产品和服务有什么感想，具体的购买标准是什么，喜欢的原因是什么。挖掘客户消费的兴趣点，有助于销售员更好地把握具体的消费点。

A（aspiration，意愿），主要是指客户对于消费有什么期望，这种期望源于日常的消费，当客户拥有较丰富的消费经验后，就知道自己最适合什么，就会期待着产品应该从哪方面进行改进。销售员需要针对客户的意愿，挖掘出深层次的需求，确保自己的产品可以迎合对方的期望。

D（decision maker，决策者），销售员应当找出那个最后的决策者，这是说服客户购买产品的关键环节，因为客户表现出购买的需求和购买的意愿时，不一定会产生购买行为，因为它们未必就是最终的决策者，可能还需要配偶、领导、家长来定夺。为了顺利完成交易，销售员要找到最终的决策者，他们才是真正值得说服的人。

S（soulution，解决方案），主要是指销售员向客户允诺会带来什么样的服务和体验，解决客户面临的问题，确保客户可以更加放心地使用产品或者享用服务。在消费的过程中，客户难免会对产品质疑，会对一些产品性能和服务产生纠结。想要完成交易，销售员就要正视这些问题，并给出合理的解决方案，强化客户购买产品的决心。

NEADS是一个循序渐进、环环相扣的销售过程，每一个销售环节都是建立在其他销售环节的基础上的。在顾问式销售的模式中，销售员可以通过提问、倾听的方式，尝试着了解客户的基本信息、消费兴趣、期待以及消费中所遭遇的困难，然后有针对性地提供更合适的产品与服务。

客户有时对自己的消费情况并不了解，不清楚什么产品最适合自己，甚至不清楚自己应该购买什么样的产品，如何打造更合理的消费模式。这个时候，就需要销售员扮演销售顾问的角色，从旁进行引导和指导，提供更合理的产品和服务。

在美国，有很多运动品牌专卖店会安排一些非常专业的运动员和教练来销售产品，他们大都担任销售顾问，为所有进店消费的客人服务。这些销售顾问并不会一见面就推销店里的旗舰产品，而是先和客人闲聊，了解客人的工作和生活状况，看看对方平时在什么地方消费、喜欢购买什么样的东西、有没有过不好的消费经历、对自己喜欢的产品有什么更高的期待和要求。接下来，销售顾问就会针对每一个客人的情况提供更专业、更适合的咨询。

比如，某个客人平时喜欢晨跑，销售顾问就会询问他们是否有购买跑鞋的习惯，平时穿什么类型和材质的跑鞋，对各种类型的跑鞋有什么样的体验和感受。然后，销售顾问会针对客人的脚型、喜好、运动量、消费习惯、以往的体验给出合适的选择，确保对方可以更舒适、更科学地跑步。销售顾问会依靠自己的专业知识，为每一个客人提供更科学、更合理的产品，帮助客人真正解决跑步问题。

顾问式销售在某种程度上具备更强的针对性，因此可以更好地做到精准服务，可以帮助客户找到真正适合自己的产品。为了保持良好的声誉，顾问式销售必须做到实事求是、因地制宜，这样才能够真正赢得客户的认同。

找到意向客户，才能快速成交

销售工作的核心就是"将产品卖给需要的人"，从这个角度来说，挖掘市场需求就是做好销售工作的前提。不过，挖掘需求并不一定就能够成功销售，影响销售的因素很多，比如客户的消费能力。有时候，客户产生了消费的需求，但是消费能力的不足可能会影响他们的购买行为。

这里涉及一个概念：意向客户。很多时候，销售员会将意向客户与潜在的客户等同起来，认为一个消费者有了需求，就一定会产生购买相关产品和服务的意向，可实际上两者之间存在一定的差别。以买房子为例，同样对房子有需求，有的人经济条件比较好，有能力支付首付和偿还贷款，甚至可能直接全款买房。这个时候，他们会直接进入售楼部询问房子的户型与价格。而那些首付也拿不出来的人，虽然渴望有一套属于自己的房子，可是由于当前不具备购买能力，暂时没有买房子的意向，只是偶尔关注一下房子的信息。因此，想要将房子卖出去，就要寻找那些意向客户，只有这样才能尽快成交。

意向客户同潜在的有需求的客户不同，意向客户通常已经具备了消费的能力和消费的意愿。他们已经打造了良好的消费基础，有能力购买自己心仪的产品和服务，正是因为有能力消费，他们才会下定消费的决心。

市场调研是寻找意向客户的常用方法，商家或者销售员可以通过第一种调研方式调查问卷的方式了解客户的真实想法，弄清对方的真实需求，以及满足自我需求的条件是否成熟，是否具有强烈的消费意向，最近是否有购买相关产品和服务的意愿。这类市场调研可以在一定程度上挖掘客户的真实想法。不过，调研通常含有很多主观成分，一些受访者会临时做出一些主观上的调整，导致调研结果并不那么准确。比如，很多受访者为了迎合采访者，可能会故意表态自己喜欢某一款产品，或者有购买某款产品的意愿，可是他们在后续的消费中并不会购买这些产品，连基本的消费意向也没有。正因为如此，调查问卷的方式并不能真正反映客户的真实想法和真实情况。

很多商家会选择第二种调研方式，即运用大数据来调查人们的消费情况。比如，一些电商平台会密切关注消费者或用户在网络上的信息浏览情况和消费情况，当用户频繁关注某一类商品时，平台就会迅速抓取相关信息，然后推送相应的商品内容。那些经常购买某一类商品的人，平台通常会将他们锁定为意向客户。一般来说，在锁定意向客户之后，平台会不断推送相应的产品和服务，而且会帮助客户进行分类，或者按照客户以往的消费习惯或者浏览的信息要素，自动规划出适合客户需求的产品。这种依靠数据来分析客户意向的销售模式，在电商时代非常常见，不过这种技术分析存在一定的缺陷和不足，对于意向客户的把握也没有那么精准，而且即便真的锁定了意向客户，也难以通过单纯的内容推送来引导客户做出购买的决定。

第三种调研方式就是线下消费时，对消费者和客户进行观察，看看他们的具体行为表现，从而判断出他们是否是意向客户。一般来说，意向客户具有更为迫切的消费愿景，因此对自己感兴趣的商品会格外关注，并且会重点咨询一些细节上的信息，甚至直接提出自己的需求和购买要求。而那些有需求但是意向不强烈的客户，往往只是象征性地了解一下商品，并没有太多行为上的倾向性。

比如，在卖房子的时候，销售员需要重点注意客户的行为表现。如果客户走进售楼部大厅，并没有询问任何房子的信息，只是单纯地看一看，或者张口就问房子的价格，而对其他信息不感兴趣，甚至只是简单地看一看宣传单，那么表明对方并没有太强烈的购买意向。面对这一类顾客，销售人员不需要投入太多的精力。如果顾客不仅询问价格，还能够提出各种问题，包括房子的地段、楼层、户型、装修风格、贷款、优惠、小区物业和环境等，而且还要求销售员带着他们去看样板房，那么通常表明对方存在购房需求和意向。销售人员此时需要重点跟进，为对方提供更多翔实的信息。

销售员需要重点盯住那些意向客户，而不要在那些有需求但是没有购买意向的客户身上浪费太多时间和精力，更不要在那些连需求也没有的消费者身上浪费太多时间和精力。那么，销售人员应该如何把握那些意向客户呢？

一般来说，在找到意向客户的时候，要注意对意向程度进行划分，看看对方是不是着急购买产品，还是愿意再等一等。面对意愿不够强烈的客户，销售员需要继续强化他们的认知，需要挖掘出对方更迫切的需求，让他们尽早采取行动。比如，进一步强化产品的价值，以及给客户带来的形象提升，或者直接告诉客户"早购买"与"晚购买"之间的差别。

而面对那些拥有强烈购买意向的客户，销售员需要尽快想办法找到客户，引导他购买心仪的产品。具体来说，销售员需要保持更大的主动性和积极性，包括主动联系这些意向客户，主动为客户提供更多的产品信息。销售员为了拉近自己与客户之间的关系，需要保持更高的沟通频率，经常与对方进行通话，甚至直接上门拜访，因为更多的交流有助于掌握更大的机会。这样一来，对方在准备购买产品时可能会优先想到那些联系次数最多的商家。

考虑到交易可能不会一次性取得成功，销售员还需要保持足够的耐心，只要有什么新产品、有什么新的优惠活动、有什么新的信息，就第一时间发给意向客户，确保对方始终将相关的产品放在采购清单中。

把握新老顾客不同的消费侧重点

在销售的时候，对于不同顾客的区分和认知至关重要。不同类型的顾客，往往会有不同的需求，也会存在不同的消费倾向，销售人员也应该有针对性地采取不同的销售策略，以提升自己的销售效率。

在现实的销售工作中，许多销售人员会僵化地使用某一种模式和策略来服务所有的顾客，这就会导致销售工作常常非常吃力，一些销售手段常常出现时灵时不灵的尴尬处境。究其原因主要还是在于无法做到具体问题具体分析，单一的、僵化的销售模式和销售策略直接影响了效率。

最常见的就是对新老客户的服务。销售人员通常会觉得"来者都是客"，无论新顾客还是老顾客，都要同等重视，都需要采取同样的策略来留住他们。拥有这种想法的销售人员往往忽略了一个问题，那就是新顾客与老顾客在交易中的需求并不同，尽管他们最终都是为了购买产品，但两者之间的侧重点不一样。

以新顾客为例，从他们进入商店或者见到销售人员的第一眼开始，他们的需求就简单明了，那就是找到适合自己的产品，或者说找到一款可以满足自己需求的产品。在购买产品的过程中，新顾客的专注点大都在产品上，他们更加关心产品的性能，更加关心产品的质量，迫切地想要知道产品是否具备满足自身需求的价值。因此，在销售过程中，销售人员需要认真分析对方的每一句话，看看对方的消费倾向性是什么，有什么痛点，然后针对性地强调产品的性能和价值，向对方展示产品的优势即可。

除此之外，销售人员需要注意一点，那就是尽可能拿出更好的状态来完成这次交易，即便不能完成交易，也需要给对方留下好的印象，因为新顾客对产品和销售方可能都不太熟悉，通常他们会依赖第一印象做出判断。销售人员的装扮和言行、产品的包装、销售场地的布景，这些都会影响顾客的判断。因此，销售人员要保持很好的素养，提供良好的服务，要注意观察对方的言行举止，了解对方真实的需求，了解对方的消费理念和消费模式。无论对方是否购买商品，销售人员都要保证不给对方带来糟糕的体验，这有助于将新顾客培养成为回头客。

总之，面对新顾客的时候，销售人员要尽可能掌握两个要点：第一个要点是产品的性能和价值，第二个要点是打造良好的第一印象。

在面对老顾客的时候，销售人员应该明确一点，老顾客的消费需求与新顾客往往存在明显的区别。新顾客更加看重产品的价值和优势，也更容易受到第一印象的影响，而老顾客对于产品的性能、价值以及存在的优缺点都了如指掌，相比于产品功能和价值层面的追求，他们更多时候看重服务。因此，在面对老顾客时，销售人员要侧重于突出对老顾客的尊重，要提升服务的质量，提升老顾客的存在感和体验感。

而想要提升这一类服务，销售人员就需要针对老顾客的消费习惯做一些更为人性化的部署，让对方感受到销售方的诚意，让对方感受到销售方在维持双方关系所做出的努力。

有一家面馆的老板，在经营生意的时候，会细心地记下每一个顾客的消费习惯和生活兴趣,当顾客下次来店里消费的时候,他不仅会像老朋友一样亲切地打招呼,还会清晰地知道对方喜欢吃什么类型的面条、喜欢搭配什么酱料、葱放多少、喜欢坐在哪一个位置。他会在对方常坐的位置换上对方喜欢的桌布颜色,会贴心地在桌子上摆放对方喜欢的花。当顾客在结婚纪念日进店时,他会让人播放一首旋律优美的钢琴曲,然后赠送顾客一束鲜花,并提醒对方"今天是您的结婚纪念日"。

正是因为面馆的老板能够像老朋友一样对待老顾客,这家面馆的生意一直都非常火爆,也是很多网红的打卡地。

一般来说,销售人员需要把握几个关键词:仪式感、家常、消费习惯。

"仪式感"是指某个群体在一些重大事件和重要时刻所形成的程式化的活动形态,或者说程式化的行为规范。销售人员通过营造仪式感,可以强化老顾客的体验感,可以让老顾客感受到自己享受的服务是与众不同的,这就有助于提升老顾客的忠诚度。

"家常"则强调双方的交流和沟通倾向于聊家常,而不是停留在产品、服务和交易本身。聊家常的目的就是确保双方可以像朋友一样对话和相处,从而进一步拉近彼此的距离,强化彼此的关系。一般情况下,销售人员可以跳出产品和服务的范畴,谈论彼此的生活,聊一聊各自感兴趣的话题,关心一下对方的工作,通过一些日常的交流来巩固彼此的关系。

"消费习惯"强调的是销售人员要注意观察和了解顾客的消费习惯,看看他们喜欢什么、喜欢做什么、有什么特殊的需求、倾向于哪一种消费模式。对顾客消费习惯的把握,有助于销售人员更好地提供相应的产品,有助于销售人员更好地提升服务水平。

总之，面对新顾客的时候，销售人员要注意搜集有价值的信息，确保将这些信息和产品价值结合起来。而面对老顾客，要注意将自己已经掌握的消费信息整合到对方的消费过程中，以此来强化对方的体验感、亲近感和信任。需要注意的是，新顾客和老顾客之间的区别并不是服务态度、服务质量上的不同，也不是服务层次的不同，销售人员不能因为对方是新客户就刻意疏远。

慢客要靠耐心，急客需讲效率

随着销售工作的精细化程度越来越高，销售员对于客户的划分以及服务的划分也越来越细。在划分客户需求的时候，销售员通常会依据亲疏关系、社会阶层、经济条件等内容进行，而忽略了对客户消费习惯的研究。从消费的角度来说，不同的消费习惯往往决定了不同的消费模式，自然也就影响了销售的模式，正因为如此，销售员需要重点关注客户的消费行为，并通过精细的划分来制定更合理的销售策略。

在针对消费行为进行划分时，销售员需要重点关注两种消费模式：一种是想要消费但不着急购买产品的模式，另一种则是相中了就立即购买产品的模式。有第一种消费模式的人常常被称为"慢客"，而有后一种的则被称作"急客"。这两种消费模式所表现出来的消费状态截然不同，销售员的销售策略也需要针对性地做出调整。

那些有需求、有欲望，但是不着急购买的客户，通常对产品有着更高的要求。一方面，他们愿意花时间等待，看看市场上会不会出现其他性能更好的产品，或者价格更低的同类型产品。为了花费更低的成本享受到更好的服务，他们会不断进行对比和分析，直到更适合自己心意的产品出现。另一方面，他们并不认为当前的产品就是最好的，而且坚信一定会出现一款具有革命性和颠覆性的产品。为此,他们并不着急购买当前的产品,而是愿意等到新产品上市之后再入手。

这一类消费者往往并不急于一时的消费,他们对于产品和服务的体验拥有更高的期待,并且愿意延迟自己的享受。因此,在为他们服务时,不要急于介绍和推销自己的产品,不要试图给客户施加更大的压力。为了说服客户,可以选择两种常见的方法。

第一种方法是借助接下来将出现的新产品来吸引对方,牢牢吊住客户的胃口,避免客户被其他商家吸引,或者防止客户的注意力转移到其他竞争力强的产品上。销售员需要强调产品的升级计划,需要重点谈到下一代产品和服务的巨大优势。

比如,现在有很多年轻人痴迷于电子产品,但是考虑到电子产品更新换代的速度越来越快,越来越多的消费者放缓了消费的脚步。他们不再像过去那样盲目购买,也不再像过去那样急切地想要拥有最新款的电子产品,而是开始等待。这些消费者会细心观察那些电子产品公司的新品发布会,了解每一代新发布的产品所具备的性能、价格以及在市场上可能产生的影响力。他们会依据自己的现实需求决定自己是否要购买,当这一代产品的性能与上一代产品相比没有巨大的进步时,消费者就会将注意力放在下一代产品的发布上,并期待着可以买到一款颠覆性的产品,从而获得前所未有的体验。

第二种方法就是紧紧盯住客户,维持与客户的联系,加强彼此的交流。销售员没有必要直接切入正题,而是应该选择通过闲聊的方式拉近彼此的关系，通过一些非正式的交流联络感情。等到双方的关系更为稳定和密切，那么交易往往也就水到渠成了。

对于慢客来说，销售员要采取"拖""等"的策略，尽可能保持耐心。当客户没有多少购买的欲望和冲动时，一定要想办法留住对方，维持彼此的联系，并试图通过更多的交流来拉近关系，为之后的销售寻找突破口。

与慢客相对的就是那些着急消费的急客，这类消费群体有一个显著的特征，那就是消费的速度很快，一旦选中了产品和服务，就会立即掏钱购买。他们未必都是冲动型的消费者，但确实不愿意过多地等待和选择，如何快速地满足当前的需求往往是他们优先考虑的问题。这些着急消费的客户往往不喜欢将时间花在如何更合理的抉择上，在他们看来过度选择本身就是一种浪费，会影响自己的消费情绪。

通常情况下，着急消费的客户分为两种类型。一类是客观环境决定的，生活环境和工作环境导致他们必须快速完成消费，必须尽可能快地满足自己的需求。最常见的就是很多人喜欢吃快餐，而吃快餐的一般都是什么人呢？主要是白领阶层以及一些工地上的工人，这些人通常没有太多的休闲时间，就连吃饭时间也会被工作大量挤压，所以在吃饭这个问题上，追求的要点是快。只要可以填饱肚子，同时满足最基本的营养所需和健康标准，那么就不会更多地进行挑剔。对于白领和民工来说，他们可不会花费几十分钟时间去寻找哪家店的饭菜更好吃，哪家店的优惠更大，通常是就近原则来解决吃饭问题。

还有一类急客的消费行为是由个人主观上的思维习惯引发的。这类人不喜欢等待，不喜欢过度挑剔和选择，只要看到了中意的产品和服务，就会快速买下来，性能上的一些微小差距和细节上的问题，从来不是他们考虑的重点。他们没有太大的耐心去等待和选择，只要产品能够满足自己的基本需求，他们就不会继续等下去。

比如，很多人喜欢逛商场，可能逛一整天也未必会买一件商品。那些着急消费的人逛商场只是单纯冲着某个心仪的产品去的，只要相中了产品，就会立即购买，而不会想继续逛一逛，看看有没有更好更便宜的。

面对急客，销售员要做的就是追求效率。一旦锁定对方，就要主动联系，挖掘对方的需求并针对性地展示产品的价值，尽快调动对方的购买欲望。为了避免潜在的客户被其他竞争对手抢走，销售员需要立即行动，简化销售流程，争取在第一时间吸引对方的关注，并完成交易。

面对慢客，销售员要坚持步步跟进、慢慢拉拢和引导的策略；而面对急客，需要采用速战速决的策略，从联系客户到介绍产品，再到双方的讨价还价，一切都要以快为主。这样，才能服务好客户，做好销售工作，为公司创造利润。

面对重要客户和普通客户，使用不同的销售方法

做销售往往需要把握一条基本准则，那就是保持一视同仁的态度，无论是面对什么样的客户，都要保持同样的服务态度，不能有高低阶层的划分，也不能因为亲疏有别就选择区别对待。这一条铁律几乎是销售员保持工作素养的基本体现，而且外界对于销售员的态度通常也非常关注，人们同样不希望自己在商场里、超市中或者专卖店里被区别对待。

服务的确是不应该区别对待，这里强调的是服务态度上不能区别对待（面对任何客户都要保持微笑，都要给予必要的回应），强调的是一些基础服务项目上不能搞区别对待（为客户开门，端茶送水，为客户提供专业的指导）。但服务上的不区别对待并不意味着销售员要在每一个客户身上投入同样多的精力和时间。销售工作本身就具备很强的功利性，销售员的首要目的是实现交易价值最大化，这种价值实现是需要建立在不同的客户与不同的需求基础上的。不同的客户带来的交易价值完全不同，销售员想要提升销量和业绩，想要让自己的产品和服务产生更大的效益，那么就需要依赖更多重要客户。这些重要的客户在一些关键业务中会为销售员创造80%以上的业绩，而大多数普通的客户并没有那种影响力，他们可能只能帮助销售员解决20%的销量。

在划分客户的时候，销售员要懂得划分重要客户和普通客户。客户的价值不同，需求也不同，销售员的服务机制也不同，提供的服务内容自然也不同，最直接的就是花费的时间和精力不同。面对普通的客户，销售员虽然同样要给予尊重，但是没有必要花费太多精力来说服客户并维系彼此的关系。销售员需要考虑付出和收益的比例，如果在一些普通客户身上花费太多精力，消耗太多成本，而回报非常有限，那么销售活动就难以长久维持下去。

某公司的负责人想更快地卖掉自己的产品，并借此打开本地市场，需要寻找更多的经销商进行合作。而在诸多经销商中，有两家最大的经销商，完全可以消化掉85%的产品，而其他一些小的经销商能量有限，基本上只能批发很少的产品。这家公司的负责人想要尽可能提升销量，拓展市场，就需要花费时间和精力去笼络那两个最大的经销商。

为了说服最大的经销商购买自己的产品，负责人需要提前做好准备。先认真调研对方的信息，了解这两个经销商的业务范畴和发展规模，了解对方的合作对象和经营的项目，了解对方最喜欢什么类型的项目以及最喜欢哪一种合作模式，了解对方的现实需求和未来的规划。然后，针对相关的信息，负责人需要找到对方感兴趣的内容，从而寻找合适的切入点。

在与对方正式会面之前，要寻找合适的会面地点，会面场景布置要走心，会面的流程设计要合理高效，会面所需的东西也要提前做好准备。为了避免自己在会谈时犯错，负责人需要针对双方的会谈提前进行练习，看看自己在哪些方面做得不够出色，看看自己应该如何更好地说服对方。

考虑到公司不可能一次性说服那些重要的经销商，负责人需要在接下来的很长一段时间保持主动性，维系并加强彼此的关系。包括通过每周的登门拜访、节假日的礼物赠送、活动邀请等方式来拉近彼此的关系。

而最重要的还是要在谈判中注重对客户利益的满足，比如给予对方最大的优惠，给予对方最低的报价，在经销商所经营的其他项目上提供支持。

在双方达成合作后，销售员还需要打造非常完善的服务体系，为对方提供细致的、高效的、贴心的服务。有必要的话，还可以特意安排员工去经销商那儿专门提供服务。

而对于普通客户来说，无论是准备工作，关系的维持，还是售后服务的投入度，都没有必要保持在最高水平上。

销售员虽然强调以客户为导向的销售理念，并且努力追求公平公正的服务理念，但划分客户的服务层次本身就是公平公正的体现。这就像VIP之于普通客户、高级VIP之于普通VIP一样，必须承认他们的重要性和价值。如果销售员真的做到一视同仁，对主要客户、次要客户、重要客户与普通客户同等对待，那么对那些重要客户来说就是不公平的。他们会认为自己在交易中所付出的全部努力，所做出的全部贡献都没有获得应有的尊重。

正因为如此，销售员在面对重要客户与普通客户时，需要适当加以区分，并采用不同的销售方法和沟通方法来建立连接。

对于重要客户，销售员必须将大部分资源和精力放在他们身上，包括如何与他们打交道、如何为他们提供更好的服务、如何保持稳定的合作关系。在服务这类客户时，销售员需要做好以下几个方面的工作。

首先，确保双方可以形成利益共同体，商家和销售员需要以分红、奖励和佣金的形式给予对方丰厚的回报，使得对方的利益与自己的发展紧紧捆绑在一起，从而保证对方的积极性。考虑到这些大客户的重要性，为了防止对方突然取消合作，或者恶意破坏合作，双方最好能够签订合同，对于恶意违反规定的行为，销售员可以要求对方给予一定的赔偿。

其次，提升客户的服务权限和服务等级。重要客户对于服务的要求更多更高，也追求更极致的体验，因此想要说服这类客户，销售员需要给予政策倾斜，想办法提供更好的服务。不仅如此，销售员平时还需要经常与这些客户联系，强化情感交流，让双方的关系变得更为密切。

最后，普通客户也非常重要，销售员也需要积极拉拢，尽可能吸引和挽留这些客户，并且为他们的发展提供必要的支持，必要的时候可以进行一些有效的帮扶，毕竟普通的客户也有可能做大做强。为了尽可能拓展营销渠道，打造强大的合作伙伴，销售员可以扶持一些具有发展潜力的普通客户，帮助对方挖掘市场、构建更完善的市场体系，而这样做可以有效拓展销售员以后的发展空间。

第五章
攻心为上,了解客户的消费心理

第一次成交

把握消费心理，设定合理的销售流程

许多销售人员通常存在一个不良的工作习惯，那就是当顾客进店或者第一次见到客户时，就迫不及待地向对方介绍自家的产品，向对方讲述自己的产品具备哪些优势。这种自我营销的行为虽然看起来具有很强的积极性，会让销售人员觉得"自己很称职"或者"对客户负责"，但实际上往往会让人觉得侵入感十足，从而使顾客或者客户产生反感心理。

真正优秀的销售人员会更加注重构建一个科学、合理、高效的销售流程，确保自己可以在一个科学的流程当中去说服自己的顾客或客户。这个流程其实就是消费进程，或者说是顾客的心理活动进程。在消费进程中，顾客的心理会处于不断变化的状态，而无论怎样变化，基本上都遵循了一些基本的流程和法则。销售人员只要理解了顾客的心理活动、把握了消费进程，就能够顺利引导顾客按照预先设定的节奏行动。

通常情况下，销售进程可以划分为七个阶段。

第一阶段是注意。简单来说，就是顾客对相关产品和服务产生关注的阶段。销售人员想要成功出售产品，想要说服对方，那么首先要做的就是引起对方的注意。需要强调的是，随着社会的发展和竞争的日益激烈，任何企业或者商家想要成功把握顾客的注意力，都要想办法寻找一些与众不同的价值。他们需要告诉对方自己的项目、产品、服务具备什么独特的优势，或者说可以提供哪些特别的价值。销售人员也可以选择通过一些有创意的活动，一些有趣的语言来展示自己的产品，提升自己的存在感。

第二阶段是兴趣。抓住顾客的注意力之后，销售人员接下来要做的就是引起顾客的兴趣，引导顾客更深入地了解相关的项目、产品和服务，使得他们对潜在的价值产生更大的渴求。一般情况下，销售人员要做的就是强化价值宣传，将产品性能、价值与顾客的需求结合起来，像项目和产品带来的新功能、新模式、新体验，都可以进一步激发出顾客的欲望。

第三阶段是欲望。兴趣并不等同于欲望，兴趣是一种价值认同，而欲望才是价值需求。产品的价值展示会引发兴趣，而顾客对价值的潜在需求和满足才会引发消费的欲望。在这一阶段，销售人员真正要做的就是把握顾客的痛点，想办法满足顾客最大的需求。从兴趣到欲望，不仅仅需要理性的分析，还需要更多的主观上的判断，也就是说，销售人员需要想办法刺激顾客的感官系统，激发出顾客的本能。就像糕点师们善于运用色泽、香味来刺激消费者买单一样，一些单纯的感官刺激往往能够产生很好的效果。

第四阶段是信任。欲望的产生意味着顾客更愿意掏钱购买相关产品，但其他的项目、产品、服务可能同样会激发顾客的兴趣和欲望。为了避免顾客在不同的信息和选项中迷失，销售人员需要努力说服对方，确保顾客对相关的项目、产品和服务产生信任。这种信任的构建源于实力输出、品牌输出，也源于一些更加客观的、理性的数据展示。销售人员需要运用数据，明确无误地告诉对方，自己产品的优势是什么，维持这些优势的保证又是什么。此外，销售人员的真诚也是赢得信任的关键。

第五阶段是决心。赢得信任之后，顾客基本上就被说动了，不过一些潜在的因素可能会影响双方最终的成交，比如顾客虽然对相关的项目、产品和服务感兴趣，但他并不是此次交易的最终决策人，可能还需要继续向上级请示。又或者，对方仍旧对这一次的交易存在一定的忧虑，迟迟无法下定决心。面对这些情况，销售人员要做的就是继续强化顾客对交易的认可度并赞美他们的眼光，同时强调这一次交易给对方所带来的收益与满足，从而说服他们去推动交易的完成。

第六阶段便是购买。当顾客下定决心完成交易或者获得了上级的授权，那么整个交易基本上也就水到渠成了。不过，为了进一步保证交易的顺利完成，销售人员可以想办法增加对方的好感，比如聊一些对方感兴趣的话题，拉近彼此的关系，或者直接赠送对方一些小礼物，作为完成此次交易的一些额外奖励。这样就能够有效推动交易的完成，并且提升对方的信任度和好感，为双方下一次的合作与交易奠定基础。

第七阶段是满足。一般情况下，当顾客购买到心仪的产品，或者达成了预期的目标之后，会产生一种满足感，销售人员要做的就是迎合对方的满足感。销售人员可以强调这一次的交易所带来的共赢效应，尤其是强调对方在交易后获得的收益，同时也要注意赞美对方的眼光，表达自己对对方的尊重和喜爱。

以上这七个阶段基本上就是顾客的消费心路历程，也是销售人员推动销售进程的关键。用心去把握顾客的消费心理，去感知消费心理的变化，去掌控变化的节奏，销售人员就可以更顺利地推动业务的成交。

让顾客感觉自己占了便宜,而不是感到产品很便宜

销售本身就是一场利益争夺战,交易双方会针对自身的利益需求展开一系列拉锯战,双方都渴望获得更多的收益。销售员为了实践以客户需求为中心的服务理念,往往需要做出更多的利益让步,不过这种让步需要一定的技巧。有的人会觉得,既然销售员打算让利给客户,那么最简单有效的方法就是降价,让客户觉得自己购买的产品很便宜,但这样的策略并不会产生持久的效用,因为一件商品便宜与否是一个相对的概念,当销售员觉得自己给出的价格很便宜时,客户未必会这样认为。真正有效的策略是,销售员必须让客户感觉占了便宜,而不是觉得产品很便宜。

就像卖苹果一样,销售员甲进口了一批红富士苹果,标价是15元一斤,可是消费者觉得价格太高了。于是,销售员打出了买二送一的广告,只要花30元买两斤红富士苹果,销售员就会赠送一斤红富士苹果。这样一来,消费者就等于花30元买到了三斤苹果,而苹果的单价实际上变成了10元一斤。促销广告贴出来之后,苹果很快销售一空。

销售员乙同样进口了一批红富士苹果,一开始他同样想着将苹

果标价为15元一斤，由于担心价格太高导致购买的人寥寥无几，销售员乙直接将苹果降到10元一斤拿去卖，可是消费者仍旧无动于衷。这是因为他们并没有觉得10元一斤的苹果有多么便宜。

为什么同样的价格，有的消费者会积极购买，而有的消费者始终提不起购买的兴趣呢？原因就在于那些打折的人抓住了客户"占便宜"的心理，而这种心理本质上就是一种赢得谈判的心态。客户总是迫切地希望自己可以在交易谈判中获得更大的利益，而一旦销售员做出让步，就会让他们产生愉悦感和成就感。这时候，他们就会认为自己购买的东西物有所值。如果直接低价出售，以低价吸引客户，客户未必会心动，因为即便是面对低价，他们一开始也会想着如何做到自身利益的最大化。在他们看来，所谓的低价也只是一个噱头，由于并不清楚产品的真实价格，他们并不会轻易相信产品真的很便宜，而是会继续寻求谈判的可能。

正因为这样的消费心理存在，销售员在试图打造一个让利策略时，不要注重低价原则，不要总是试图以更便宜的价格来吸引客户，因为这往往不会取得很好的效果。销售员要尽可能地让消费者在谈判中感到自己获得了更多的利益，这才是解决销售拉锯战的关键。

折扣是销售员经常使用的策略，像买二送一、买一送一、第二份半价之类的销售模式都是折扣的表现。此外，还有其他一些方法同样可以起到这样的效果，最常见的就是会员制度。销售员会让客户充值办理一张会员卡，手持会员卡的客户不仅可以以更低的价格购买商品和服务，还可以在每一次消费之后完成积分的积累，当积分到了一定程度又能够直接兑换商品和服务。当客户意识到自己的会员身份可以带来诸多利益和回报时，自然愿意充值办会员卡。

还有一种常见的策略就是加钱换购的模式。简单来说，就是客户在购买某件商品时，只要再加少量的钱，就可以额外获得另外一件商品。

比如，某个客户对一个价值2500元的微波炉感兴趣，但是他觉得这个微波炉实在太贵了。这个时候，销售员就会给出一项优惠：只要加10元钱，那么就可以获得一个电饼铛。这个时候客户很难不会心动，于是心甘情愿地掏钱购买微波炉，并加10元钱买下电饼铛。从交易上来看，客户只是多花了10元钱就拿下了价值200多的电饼铛，毫无疑问占了不小的便宜，而且相比于2500元的消费决策，10元钱的决定似乎更容易做出。可是对销售员来说，微波炉本身就是溢价出售，只不过为了平衡这部分溢价，他选择了在电饼铛上返利给客户，因此商家还是挣了不少钱。

类似的销售方法还包括设置优惠底线，常见的就是提醒客户只需要再多花几元钱，就可以满足优惠条件。像一些服装店经常会将衣服的价格设置为99元、199元、299元，然后又额外设置了消费满100元的优惠活动、消费满300元的优惠活动，以及消费满500元的优惠活动。这种优惠活动本质上就是让客户觉得自己只要再多花一点小钱就可以获得非常诱人的优惠。

如果将加钱换购与优惠底线的模式进行调整，又可以转化成为一种新的模式，那就是将高价产品与低价产品捆绑销售的模式。具体来说，就是在出售高价产品的时候，为了对冲高价位给客户带来的冲击，商家会选择绑定一些低价商品出售，通过低价来吸引客户。

比如，某衣服专卖店里的羽绒服标价3000元，这样的价格让很多人直呼太贵，购买者几乎寥寥无几，专卖店打算降价500元出售。这个时候一个销售员提出了捆绑销售的策略，并设计了新的销售套餐：羽绒服＋一套保暖内衣＋围巾＋袜子＋帽子＋护腕＋手套＝3010元。结果这个套餐公布之后，相关的商品很快被抢售一空。其实，一套保暖内衣的价格没有超过150元，而围巾、袜子、帽子、护腕、手套，总价也没有超过160元。也就是说，一件羽绒服的价格最终高达2700元，这远远比降价到2500元更划算。但是，客户觉得自己只需要多花费10元，就可以额外获得更多的商品，这个时候，被捆绑的产品所带来的利益满足冲淡了客户对高价位商品的焦虑。

除了以上几种折扣和优惠活动之外，还有一种常见的就是好评返利。客户在购买商品之后，如果能够给予商家和销售员一些好评，就能够额外获得一些现金奖励，或者获得一些小商品的奖励。这样做不仅提升了客户的参与感，还有效提升了商家的形象和名誉，同时也有效满足了客户"占便宜"的心理，让他们产生"享受完产品价值之后，仍旧可以继续获利"的想法。

综合上面所有的销售方法和模式，核心理念就是给予客户一定的利益满足，让他们觉得自己在购买过程中享受到了额外的补偿，从而对整个消费行为感到满足和愉悦，并对所购买的产品以及提供服务的销售员产生好感。

抓住顾客的损失厌恶心理

在日常生活中，人们对于等量的得失态度不同，对待收益和损失的风险偏好也不同。当涉及收益问题时，人们通常更加厌恶风险，假设人们具有两个选择：第一，明确获得现有的收益和好处；第二，放弃当前的收益，继续赌一把，赢得更多的好处。那么，多数人都会选择见好就收，获得现有的收益。

为什么同样一件事，强调利益获得与强调利益损失时，人们的表现会不一样呢？造成这种不同感受的原因是什么呢？

从心理学的角度来分析，这是典型的损失厌恶心理在起作用。人们在面对同样数量的收益和损失时，常常会觉得损失给他们造成了更大的困扰和刺激，也让他们觉得更加难以忍受。早在20世纪70年代，美国普林斯顿大学教授卡尼曼和特沃斯基就提出了损失厌恶心理，一些心理学家甚至针对损失厌恶心理进行各种试验，结果发现同量的损失带来的负效用大约为同量收益的正效用的2.5倍。也就是说，某销售员打算将自己的产品卖给客户，并且强调客户在获得这批产品时获得的收益将会非常可观。假设此时客户获得的收益以及由此产生的满足感为2分，那么当销售员表示客户错失这一次的合作机会，将会损失大量收益时，客户内心感悟的负效用和失落感可能高达5分。

在销售工作中，损失厌恶心理的运用非常普遍。最常见的策略就是尽可能强调客户不购买产品时将会损失什么价值，而不是购买产品时将会获得什么价值。这是因为损失10万元比获得10万元的收益，往往更让人印象深刻，损失造成的难过比获益带来的愉悦程度要更高一些。

比如，有个企业家为了说服自己的客户同意双方的交易，于是就主动找到对方，反复向其强调双方的合作将会给对方带来20%的收益提成，还会让对方直接成为行业内最具竞争力的"玩家"之一，对对方日后走向国际市场具有很大的帮助。可即便如此，客户仍旧不为所动。这个时候，企业家的秘书提议换一种说法，他让企业家安排一个业务员找客户再谈一次，然后谈话的内容侧重于错失这次合作将给双方带来的诸多损失："如果错失这一次的合作，我们公司将会失去一次很好的发展机会，毕竟像贵公司这样优秀的大客户一直都是可遇不可求的，贵公司也将会失去一个获得20%提成的机会，以及成为行业最优秀企业的机会。"结果，客户在权衡利弊之后，选择与该企业家进行合作。

销售员通常会在交易中强调产品的价值，强调客户的需求满足和利益满足，但只要转变思维，更多地强调放弃消费带来的损失，强调放弃交易会导致问题长期得不到解决，沟通效果往往就会更好一些。因为放弃比得到往往要更难一些，更高的损失负效用会让客户对交易产生更高的兴趣。为了避免自己后悔，为了避免自己被损失带来的负面情绪困扰，他们会迫切地想要通过交易来解决问题。

商家和销售员对损失厌恶心理的运用还表现在其他方面，那就是额外制造一些造成客户损失的消费项目。这样一来，客户在消费的时候就会倾向于那些不需要额外掏钱的消费方式，但两种消费方式所花费的钱其实是一样的。

比如，商家和销售员常常会推行免邮费和运费的活动。假设一件衣服的售价为20元，运费为10元，那么很多人可能会觉得不划算，毕竟一件衣服才20元，如此高昂的运费让他们觉得不值。可是如果销售员直接将衣服的价格提到30元，然后承诺免运费，消费者购买的意愿就会非常强烈。同样是花费30元买衣服，前者会觉得不划算，而后者会心甘情愿掏钱，关键就在于消费者会认为掏钱支付运费是一种利益损失行为。他们不喜欢在购买产品时还要额外支付另一笔费用，而免邮费则符合他们的消费预期。

损失厌恶原理的运用还体现为一些折扣活动和优惠活动。销售员可以通过一些折扣与优惠活动来吸引客户的关注，让他们意识到放弃优惠可能带来的损失，包括常见的会员卡以及限时优惠卡。

比如，某个超市销售员引导客户办理会员卡，并且许诺只要充值了会员卡，就会享受到七折的优惠。这个时候，客户很快对七折优惠产生兴趣，并直接充值了1000元办理了一张高级会员卡。可事实上，客户对这家超市的商品并没有什么兴趣，在过去几年时间里，基本上没有进入这家超市购物。而在办理会员卡后，他不得不每隔一段时间进入超市购物，因为对他来说，如果不去超市消费，就意味着1000元的充值白白浪费了。为了避免损失，客户会在今后

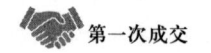

很长一段时间内都购买这家超市的产品。

　　损失厌恶心理是人们追求自利、规避风险的一种体现，销售员要做的就是将潜在的风险和损失明明白白地展示出来，迫使客户产生焦虑感。与此同时，销售员设置一个更加"有利"的选项帮助客户规避可能出现的损失，这个选项就可以帮助销售员顺利完成交易。

挑起他人内心高贵的动机

人们对于产品的选择往往不是随机和盲目的,也不是完全为了满足现实需求,很多时候,人们会期待通过消费来维持一个更好的形象。这种形象的塑造往往和产品的特性有关,比如,华美的服装和昂贵的奢侈品象征着财富、地位、能力,定制的产品则代表了个人独特的审美以及独一无二的魅力,这些都是产品所赋予的形象加分功能。除了产品特性之外,客户的形象加分还来自销售员的赞美,销售员通过交易赋予客户更高层次的动机,同样可以让客户的形象得到提升与完善。

那么,这个层次更高的动机究竟是什么呢?

心理学家认为人们在做某件事时,通常存在两个动机和原因,一个是真实的原因,即做这件事是为了解决当前的某个问题;另一个就是冠冕堂皇,听起来非常动听的理由。通常情况下,人们会将这个动机当成自我形象提升的一种方式。比如,一个企业家在农村开办工厂,动机之一是利用农村廉价的劳动力降低经营成本,确保自己获得更大的利益。此外,更高层次的动机是:"为了解决农村劳动力过剩的问题""为了提升当地农民的收入,带动当地经济的发展"等等。很明显,这些理由更能够凸显企业家的个人魅力。

成功学导师卡耐基说过:"我们每一个人都是理想主义者,都喜欢为自己做的事找个动听的理由。因此，如果要改变别人，就要挑起他的高贵动机。"在销售当中，销售员完全可以利用这样的心理，主动挑起客户内心高贵的动机，将客户推向一个更高尚、更具人格魅力的状态上，满足对方的虚荣心和自豪感。当对方接受这样的赞美时，为了证明自己的高尚性，就会毫不犹豫地迎合销售员的引导，购买相应的产品和服务。

比如，2008年经济危机席卷全球，导致全球经济发展受到了重挫，一家生产摄像头配件的公司因为订单不足而濒临倒闭。为了生存下去，公司的销售员开始四处寻求客户，推销产品。创始人×先生更是找到了当地最大的公司，希望双方可以进行合作，从而利用对方强大的市场影响力快速解决订单不足的问题。但是这家公司的规模很大，还与不少实力雄厚的大公司合作，根本不会看上摄像头配件的生意。

为了说服对方和自己合作，公司的创始人×先生亲自登门拜访该公司的负责人。他一见面便诚恳地说明了此行的目的："我知道贵公司在过去10年来，扶持了35家中小企业，帮助35个创业者延续了他们的梦想，也为本地留住了至少6000个就业岗位，更为当地增加了20亿元的税收。贵公司一直都在为本地的经济发展尽心尽力，我们向来以这样的公司为榜样，也期待着能够和这样的公司合作。"

这家公司对其他公司的扶持和投资大都是出于降低成本的需求，但×先生的一番恭维，唤起了该公司负责人的经营初心和社会责任感。于是，该公司的负责人决定给×先生一次机会，在简单倾听×先生描述自家公司的发展现状后，决定与对方进行合作，并且一次性购买了价值6000万元的产品。这个订单不仅帮助×先生解决了库存问题，还顺带解决了资金危机。

挑起个人高贵的动机是一种比较实用的沟通方式，也是推动交易双方关系不断强化的方式。在挑起个人高贵动机的时候，可以选择以下几种方法。

首先，销售员在挑起客户的高贵动机时，可以重点强调客户的社会责任感，试图通过这种方式来表明客户不是一个自私自利的人。这样一来，客户的消费会被当成对社会负责的一种表现，这个时候他们就会尽量配合销售员的工作，以维持自己的良好形象。

其次，销售员在挑起客户的高贵动机时，可以重点强调客户的高贵的人格以及对合作方的尊重。这样一来，客户对销售工作的支持就会变成一种助人为乐的行为表现，并且在交易中变得更加积极。

最后，销售员在挑起客户的高贵动机时，可以重点强调客户的大局观，比如赞美客户站在更高层次上来看待整个交易，赞美客户会将双方的利益放在首位，而不是一直考虑自己的收益。当销售员将客户的思维和眼界拔高到更高层次上时，客户更容易被说服。

总之，销售员需要将普普通通的交易与更高层次的思想结合起来，通过一些赞美性、激发性的语言，将客户的消费行为提拔到更高的思维层面上，塑造出一个高大伟岸的形象。接下来，客户就会迎合销售员提供的形象设定，心甘情愿地完成消费。

借助从众心理，提升品牌认同感

人们经常会感到疑惑，为什么同样拥有很多粉丝，直播间的销售会比线下更好一些？原因很简单，直播间更容易在同一时间段内吸引更多的人，无论这些人是真的想要购买产品，还是单纯地进入直播间凑热闹，人数上的优势会引发大家的从众心理。加上主播不断强调人数的增加、销量的增加，煽动大家的情绪，很容易说服更多的人掏钱购买产品。

这是典型的从众心理，而从众心理本质上是一种社会证明原则。早在原始社会，人类就意识到团队合作的力量。当人越多，猛兽带来的威胁就越小，生存的机会越大，狩猎的机会越大。这种心理会慢慢融入基因，并成为人类寻求自我保护的一种心理机制，即便到了现代社会，人们还是会对人多的地方以及更多人做的事情产生信任。这也是为什么，当一家店里的人越多时，对于其他顾客的吸引力越强，大家越容易进这家店消费。在大家看来，人多就表明这家店的产品更受欢迎，更受大家的信任，即便这家店的产品和服务并不占任何优势。同样地，当人们意识到周围的人都在谈论某一种产品或者某一个商店时，他们大概率会对这个产品或者商店产生兴趣，并很快产生消费的兴趣。

在销售中，销售员通常会强调趋势和潮流的价值，强调多数人或者很大一部分人都在购买相关的产品，从而刺激消费者的从众心理。这里涉及销售员的谈话技巧，因为客户在不了解事实之前，未必会轻易相信。销售员要想办法招揽足够多的人给自己造势，给人一种"我的产品很受大家欢迎"的感觉，从而吸引更多的客户。不过在很多时候，如果没有熟人愿意为自己造势，那么相应的销售活动也就很难展开。

想要利用好从众心理，可以选择借助差序格局理论。差序格局理论是社会学家费孝通在使用社会结构分析方法解剖中国传统社会时提出的，费孝通认为西方社会通常以个人为本位，人与人之间的关系就像是一捆柴，几根成一把，几把成一扎，几扎成一捆，所有人构建一个团体。而中国乡土社会则以宗法群体为本位，人与人之间的关系以亲属关系为主轴，呈现出一种网络关系，每个人都以自己为中心结成网络，越是靠近中心，关系越亲密。就像把一块石头扔到湖水里，以这个石头的落水点为中心点，在四周形成一圈一圈的波纹，而波纹的远近代表了社会关系的亲疏。

越是远离中心点的人，人们对他们的印象越模糊，甚至于将其定义为一个抽象的概念和数字，当成具有某种标签的集合体。这就是为什么，许多人在接待眼前的客户时，会将其当成活生生的人来对待，然后试着去理解他们的行为，弄明白他们的目标、动机和需求，最终提供相应的服务。而对于那些潜在的、不知道在哪里的客户，可能就会当成一串数字，甚至是商品，在面对具有某个标签的群体时，销售员的情感是理性的、冷漠的，虽然仍旧会出售产品和服务来满足这些群体，但多数情况下不会表现出同情与热心。而且，面对这些群体，销售员可能会将其当成某一种商品来对待，并试图了解它们的运作原理，从而找到更适合完成销售工作的群体。

想要扩大产品的销量，销售员首先要找到格局中的中心客户，这些中心客户拥有较为丰富的资源、强大的信息检索能力与优秀的判断能力。他们通常是群体中的中心人物，会对周边的人形成较大的影响力。只要说服那些中心客户，就可以吸引靠近中心的客户加入进来，接下来逐步扩大范围，然后产生从众效应，吸引更多的客户前来购买产品。

比如，为了解决产品销售的问题，很多企业开始转移方向，重点开发农村市场，所以经常会带着自家的产品去农村销售。通常情况下，这些企业会在乡下某个地方搭建一个临时的展台，然后就近吸引农村消费者光顾。不过，农村市场存在一个很大的问题，那就是信息相对滞后。信息的不对称导致大量农村人对于企业的电视广告营销和互联网广告营销缺乏了解，自然不会轻易购买产品。

想要打动农村消费者，单纯地利用以往的广告宣传产品根本行不通，最好找到农村里有地位或者信息掌控比较丰富的人，将这些人当成差序格局的中心人物，说服他们购买产品。当这些人购买产品之后，就会带动他们的亲朋好友对产品产生兴趣，随着产品在中心人物的生活圈内不断传播开来，会逐渐形成规模，围观的人也会越来越多。这个时候，其他农村消费者就会产生从众心理，认为大家都购买和使用的产品一定不会差。

差序格局销售是一个由内向外，由中心向周边不断辐射，从而形成传播规模的销售方法，在企业广告营销以及具体的销售活动中都可以起到很好的作用。对于销售员来说，最重要的不是漫无目的地销售产品，而是想办法找到差序格局中的中心人物。找到了这个中心人物就像打开了销售开关一样，只要打开这个开关，就可以不断向四周扩散和辐射，吸引更多的客户购买产品和服务。

第五章　攻心为上，了解客户的消费心理

把自己定位成一个产品的分享者

大部分场合下，销售人员的语言和行为具有一定的侵略性，这种侵略性来源于自身的工作需要，毕竟销售人员的主要目的就是将产品推荐给更多的顾客。为了让产品顺利卖出去，销售人员不可避免地要采取一些侵略性明显的措施，比如不断尝试着说服顾客购买自家的产品，不断强调自家产品的优势，反复向顾客确认是不是要购买相关产品，或者跟在顾客身后，喋喋不休地介绍产品的相关性能。

这些侵略性的行为往往会给顾客带来很大的压力，从而降低他们购买产品或者服务的意愿，这就是为什么很多销售员表现得越积极，他的客户和顾客反而会越反感。其实，销售的积极性并不等同于销量的增加，也不等同于对顾客的吸引力，销售人员或许并没有意识到一点：他们在与顾客的交流中，无论讲述了什么样的故事，无论做了何种描述，或者展示了某种行为，这些在一定程度上都显示了他们的价值观体系。那些侵略性十足的表演通常会让顾客觉得，销售员只关心自己的产品能不能卖出去，而不关心顾客的真实需求，也不关心顾客的合法权益是否能够得到保障。这种体验和认知一旦形成，销售员的工作难度就会成倍增加。

想要解决这种问题，最直接的方式就是转变身份，减少销售员身上的销售印记，降低他们在工作中展示出来的侵略性。比如，在传统的思维中，销售人员扮演的角色是产品输出者和介绍者。在很多时候，他们的工作比较单一，更像是报价机器，或者说产品功能使用说明书。这就决定了他们对顾客的看法和态度，他们会千方百计引诱和鼓动消费者尽快买单，这种鼓动往往是直接而热烈的。从某种意义上来说，销售员的思维仍旧停留在单纯的买卖关系上，而这种单一的买卖关系存在一个基本问题，那就是双方的关系完全建立在满足自我需求的基础上。为了满足自己的需求，双方不可避免地会产生一些对立和反抗，比如顾客会因为信息不对称而担心销售人员没有说实话，会担心对方的话太过于主观。

相比之下，一些更高层级的销售人员则会想办法将自己定位成一个"产品分享者"，尽可能站在客观的角度来分享和介绍相关的产品。和单纯的推销产品不同，分享更加看重经验的传递，而且不具备主观侵入的特性。销售人员完全可以将自己独立在公司销售体系之外，保持客观分析的姿态，他们不会总是说"我们的产品如何"，而是更加侧重于阐述自己或者其他人的使用心得。在很多时候，他们自己就是产品的使用者，因此他们也能够站在消费者的立场和角度上来谈论产品，谈论产品的价值。

国内一家销售女性护肤品的商店，采取了一种非常时尚新颖的销售模式：销售员每天不需要站在门口迎接顾客，也不需要跟在顾客身边细心讲解，商店设置了很多房间，房间里备好了茶水和零食，商店会邀请每一位进店的顾客到房间里坐一坐。销售员要做的就是每天都和潜在的顾客进行家庭聚会式的交流，向她们分享自己喜欢的产品，顾客也可以将自己喜欢的产品分享给其他人。

这种独特的销售模式颠覆了销售人员的工作定位，销售人员不再是单纯的卖东西的人,而是一个将好东西介绍给顾客和朋友的分享者。这种分享模式让顾客感到放松和信任,因此这家商店开业后很快赢得了顾客的欢迎,每天都有大批女性消费者进店"聊天",商店的销量越来越高。

尽管分享者的目的仍旧是出售商品,分享者最终也是希望通过这种方式来提升销量和业绩,但是从行为上来说,分享带来更好的服务体验和价值感受。顾客能够感知到销售员以及商家所展示出来的那种"以顾客需求为前提的分享文化",能够体验到商家"以顾客需求为主,不会片面追求利益"的企业文化。

想要实现从销售到分享的转变,就需要保持自然的状态,消除过多的销售痕迹,这不仅仅需要销售员完成自我认知和自我定位的改变,还需要在具体的工作中展示更加娴熟的技巧。以直播带货为例,很多主播为了更快地出售产品,往往会故意制造紧张的抢购氛围,比如设置倒计时,设置优惠产品的数量,或者动不动就鼓动和诱导大家"买买买",这种销售风格往往让人觉得侵略性十足。相比之下,郝劭文则是直播界的一股清流。他在直播带货的时候,永远保持安静的风格,不会大声说话,不会鼓动粉丝花钱买东西,而是娓娓道来,非常认真地分享产品的使用心得,因此粉丝丝毫不会觉得有任何压力,而且还会产生莫名的亲近感。

还有一些销售员会建立客户群,大家每天在群里分享自己的产品使用心得,而不是像此前的微商一样,每天在客户群和朋友圈发送大量的广告,或者反复鼓动客户购买自己的产品。通过定期的分享,销售员会迅速拉近与顾客之间的关系。

不过,想要让销售员转化成为一个成功的分享者,往往需要掌握一些技巧。首先，一定要保持客观，不要有夸大产品功能和价值的行为，因为只有保持客观，才能赢得顾客的信任。其次，要确保自己参与到产品的使用当中，让自己成为消费者中的一员。这样不仅可以保持身份认同感，还可以依靠自己的真实体验更好地描述产品的相关情况。再次，要注意控制好说话的语气、音量、节奏，保持轻松、温和、亲切的状态，越轻松自然，就越是能够显示出真实性。最后，不要有太多的鼓动性词汇，不要有太明显的诱导行为，只要用一些通俗化、生活化的语言如实描述产品以及自己的心得体验就行。

总之，销售员要努力调整好发力的方向，消除自己与顾客之间的差距，确保双方可以将产品当成一个共同的话题，而不是一个交易的东西。

第六章
销售的本质就是博弈，懂得掌握技巧

第一次成交

要懂得拒绝自己的客户

有个教授打算将自己名下的一套房子卖掉，他心里的预期价位是570万元，不过考虑到房地产市场最近并不景气，能够被买家接受的价位或许在520万~550万元，因此他也做好了降价出售的准备。在联系买家之前，他主动找到了中介，让中介帮忙挂牌570万元的出售价，同时表明价格可以面议。

不久之后，一位有意向购买房子的女士，主动找到教授，希望可以以540万元的价格买下这套房子。教授明白这样的价位基本上是市场上的公道价了，但是他并不急于回复对方，而是表示自己还要考虑一下。过了两天，女士再次联系房子的主人，问他是否能够接受这份报价。这个时候，教授表现得有些不舍，他非常委婉地表示自己在这套房子里住了二十多年，根本不舍得卖掉，要不是孩子们要接他到其他城市去，他根本不打算卖掉房子，而且这套房子的装修比较新，还是学区房，540万元的价格真的不舍得卖。

听完这些话，女士立即表示540万元的价格已经很高了，不过考虑到教授对房子有感情，她愿意再加10万元。这个时候，教授意识到这已经是当前市场能出到的最高价，但他仍旧表现出不情愿的神情。眼看教授不说话，女士担心教授会继续拒绝，于是表态当天就可以转账，于是教授最终同意出售房子。因为懂得以退为进，拒绝客户的交易请求，教授才能够以更好的价格出售房子。

许多销售员在销售的过程中，会迫不及待地想要将产品推销出去。在他们看来，现在是买方市场，自己必须迎合客户的需求和想法，于是在交易中始终处于被动位置，很难有机会获得太多的主动权。他们越是表现得迫切，就越容易在谈判中处于被动，因为客户会抓住销售员急于出货的心理，不断通过拒绝来消耗销售员的耐心和信心，然后以此来压价，为自己赢得更多的利益。那些有经验的销售员会利用自己的信息优势与客户进行周旋，他们并不会轻易表现出交易的紧迫性，不会轻易同意客户提出来的交易条件，而是在必要的时候，主动和客户说"不"。

向客户说"不"，并不意味着故意和客户对着干，而是为了最大限度保障自己的利益。销售员需要使用一些策略给客户适当施加一些压力，尤其是当客户提出一些不合理的要求和条件时，销售员要懂得维护自己的既得利益。销售员还要善于隐藏自己的真实想法，不能直接翻出自己的底牌，在没有达到预期收益之前，有必要通过拒绝来表明自己的立场和态度，为自己争取更多的利益。

为了避免拒绝客户带来一些负面影响，甚至会因此赶走客户，销售员需要控制好拒绝的力度，在争取利益的同时不要让客户产生不适和反感。比如，销售员可以用幽默的方式表达自己的质疑，通过一些温和有趣的表达方式隐晦地表达自己的不满，拒绝对方提出来的交易条件和交易要求。

销售员也可以通过收益对比来说服客户，强调客户提出来的要求对双方合作的负面影响。假设按照销售员的要求完成交易，客户的潜在收益是7，而销售员的潜在收益是6；而按照客户所期待的要求完成交易，客户的潜在收益为9，销售员的潜在收益是4，但实际上由于收益太低，销售员会放弃这一次的交易。那么，销售员就要帮助客户算账：只要交易完成，客户的最低收益为7，那么客户是否值得为了增加2个收益而放弃到手的7个利益？这种收益对比的模式往往会让客户重新评估自己的交易策略和谈判方案。通常情况下，这种方式适用于一种情况，那就是客户对这一次交易非常看重，而且并没有其他更好的替补选项，他们始终期待着能够完成交易。

还有一种特殊的拒绝方式，那就是拒绝单方面向客户做出重大让步。销售员在明知自己处于弱势的情况下，仍旧应该保持自己的立场，不要轻易向对方屈服，在客户要求做出让步时，销售员可以对客户提出同等要求。简单来说，就是将对方的让步作为自己做出让步的条件，这样一来，双方都可以在自己在乎的谈判环节和项目上追求利益最大化。

需要注意的是，当客户难缠并且不断给销售员施加压力时，想要迫使客户做出让步，销售员可以直接采取转移决定权的策略。简单来说，就是当面告诉客户："您提出来的要求超出了我们能够接受的范畴，考虑到我的职权非常有限，无法立即给您回复，我只能向上级领导反映情况，将您提出来的要求反馈到上面，看看他们如何作出决定。"通常情况下，这种转移决策者身份的策略会让客户感到焦虑，他们会意识到自己之前所有的努力都白费了，而为了尽快完成交易，可能会被迫做出让步。

无论是哪一种拒绝模式，最核心的理念还是要求销售员保持坚定的立场，通过拒绝展开新的拉锯战，并以此来增加谈判的筹码，确保自身利益最大化。而在拒绝之前，销售员需要拿出值得拒绝的理由以及拒绝的资本。换言之，他们必须确保自己的产品和服务具备独特吸引力，如果自己的产品和服务毫无特色，那么将会陷入被动状态。

第六章 销售的本质就是博弈，懂得掌握技巧

设置免费试用期，把握人心

只要细心观察，就会发现如今无论是线上的电商平台，还是一些线下的实体店，都推出了试用期的服务。简单来说就是消费者在购买产品之后，可以先试用一段时间，如果试用期内觉得产品存在质量问题，或者觉得产品不适合自己，就可以直接将产品退回去，然后商家会将产品全部的费用退还给消费者。

在推出这项服务之后，这些商家和平台的销量在短时间内得到了很大的增长，消费者对于商家和平台的认同感、信任感也直线上升。许多人可能会产生疑惑和担心，认为试用期内可以退货退款的模式可能会被一些别有用心的消费者利用，一些消费者会免费试用产品好几天，然后在试用期结束之前将产品退回去，那么商家不就等于白白将产品借给消费者使用了吗？这样的担心不无道理，可在现实操作中，在购买产品之后，只有不到5％的消费者在试用期结束之前要求退货退款，绝大部分人还是直接买下了产品，并且对商家和平台给予了很高的评价。

同样地，一些社会学家发现不少商家推出免费试用产品的服务模式，顾客进店后根本不用花一分钱，就可以将心仪的商品带回家，等到几天之后，如果觉得商品很好用，就回到店里付钱。如果顾客对商品不太满意，那么完全可以在免费试用期内将商品退还给商店，而店家不会收取任何费用。这种

先免费试用后付钱的服务赢得了很多人的欢迎，而且大部分人在结束免费试用期后会直接进店付费。

为什么这些看起来存在很大漏洞的服务模式能够产生很好的促销效果呢？在这里可以通过一个案例来解释。

2019年，美国一家新开张的健身机构推出了免费健身三日的活动。任何进入健身房的顾客都会被发放一张会员卡，这张卡是赠送的，持卡人可以在健身房里免费体验三天（不需要连续三天）。消费满三天后，如果顾客对健身房的服务和氛围感到满意，就用手机往会员卡里充值，会员卡也会自动激活，那么之后就可以继续进入健身房健身。相反地，如果顾客对这家健身房不感兴趣，那么完全不用理会，甚至可以直接丢掉手里的会员卡。

健身房开张之后，有几百人直接领走了会员卡，然后连续好几天都是爆满状态。当大家纷纷结束三天的免费试用期之后，超过90%的会员卡持有者选择充值，正式成为这家健身房的会员。

为什么这家健身房可以通过免费试用的策略赢得众多的会员呢？原因主要有两点。

第一，客户在体验试用期的免费服务后，对于产品有了一定的了解，也在体验中获得了一定的满足，但是没有完全得到满足。这个时候，拥有良好消费体验的客户，就会选择继续持有商品，让自己的潜在需求得到充分的满足。可以说，免费试用策略有效刺激了客户的良好消费体验以及对自身需求的持续满足，从而更好地带动了客户的消费。

在设置免费试用的模式时，很多商家通常会留有余地，只满足客户的部分体验，比如会对产品进行性能设定。客户只能体验部分功能，想要解锁更多的功能，就需要购买产品，像很多免费试用的游戏就存在这一类设置。又或者对产品的使用设定期限，从而确保客户在试用期内始终保持新鲜感。这样一来，结束试用期后，客户对产品还能保持强烈的兴趣，从而发生付费购买行为。

第二，客户在接受免费试用的产品后，他们会觉得自己在形式上已经接受或者购买了商品，接下来会倾向于保持行动上的一致性。只要产品不存在什么问题，并且具备一定的优势和价值，他们有很大可能会在试用期结束后选择付费购买产品。

除了这两个原因之外，也不排除其他一些次要原因，比如有的人觉得产品还能用，而退货又太麻烦，还不如将就着使用。有的人觉得免费试用之后如果不买的话，会让人觉得自己是一个贪小便宜的人，为了维持良好的个人形象，他们会选择买下产品。正因为如此，客户对免费试用模式的免疫力一直都偏低，而这也为销售员的销售创造了更好的机会。

不过，并不是所有的产品都适合免费试用，对于那些非常贵重的产品，商家推行免费试用的成本较大，一旦产品在使用过程中出现了问题，可能会给商家造成重大的损失。而且免费试用的产品必须具备一定的优势，必须具备真正的吸引力，如果只是非常普通且毫无竞争力的产品，那么客户往往会失去兴趣。这个时候免费试用可能会成为商家的一个负担，因为很多客户在免费试用产品之后会放弃继续购买，从而增加了商家的成本。

此外，有一点非常重要，为了降低成本，商家和销售员在推行免费试用的模式时，需要设定一些试用的规定，避免客户胡乱使用产品甚至恶意破坏产品。一般来说，销售员需要制定一些保护性的规章制度，对于一些不合理使用造成的产品损坏，以及一些恶意破坏造成的产品损害，需要客户给予相应的赔偿。

第一次成交

先尝试着让对方接受一件小商品

梁先生2018年进入某连锁超市工作之后，极大地提升了超市的销量，而且连续27个月都是商场里的销量冠军。许多人对于梁先生的业务能力非常感兴趣，甚至连连锁超市的创始人也亲自关注这件事。而经过一段时间的观察和调研，大家发现了梁先生成为销量冠军的秘诀，那就是他每次在见到消费者的时候，并不急于推销那些大件的产品，而是会将超市内性价比比较高而且非常实用的一些小商品推荐给顾客。比如，最新款的手套，最新潮的发卡，一个精美的茶杯，一包美味的零食，这些小商品往往花不了太多钱，但是可以给消费者带来很好的购物体验，因此很多人并不会拒绝这样的小商品。当这些消费者花钱购买小商品之后，梁先生就会趁着势头推销那些与之相关的其他商品，比如衣服、鞋子、茶壶、茶几等，之后又会联系到更大件的商品上。正是通过这种层层递进的销售模式，梁先生可以吸引客户购买更多之前并不打算购买的商品。

心理学中有一个著名的效应：层递效应。它是指当人们准备对他人提出一个较高的要求时，可能会被对方拒绝，此时不妨先提一个更容易被对方接受的小要求。如果对方能够接受并对提出要求的人给予满足，那么人们就可以顺势提出一个更高一点的要求，而这个更高的要求有很大的可能被对方接受。因为当一个人接受了他人的小要求之后，为了保持前后行为一致，就会倾向于继续接受他人的要求，以维持自己的形象。可以说，每一个小要求都是潜在的大要求的推动力，而人们可以通过一些小要求来推动大要求的满足。

在销售工作中，推销员往往会运用层递效应来引导客户购买产品。层递效应的核心理念就是以小博大，利用小要求的满足来赢得客户的承诺，而在这个过程中，客户为了保持行为上的一致，会同意销售员更多的要求。在日常生活中，客户的需求往往是隐性的，或者说暂时没有类似的需求，而层递效应能够挖掘出那些隐性需求。比如很多客户进入服装店后，可能一开始并没有购买鞋子和衣服的打算，如果销售员一上来就推销鞋子和衣服，可能会被对方直接拒绝，甚至有可能引起对方的反感。销售员可以先从一些更加简单、更加便宜的小商品入手，比如介绍新的手套和围巾。一旦客户购买，销售员就可以进一步推销鞋子、衣服等其他产品。

在这种模式的销售过程中，销售员需要想办法找一个合理的产品作为突破点，然后不断拓展销售空间，为双方的交易创造更多的条件。在整个过程中，销售员需要先割裂产品，确保不同产品之间保持独立性，简单来说就是选择单一产品作为突破点。假设销售员想要推销一个产品组合或者一个套装，那么不妨尝试着拎出其中的一个小产品出售，并且让对方觉得销售员只是单纯地想要介绍一些实用且不贵的好东西，这样既降低了销售的难度系数，同时也为后面销售更多产品奠定了基础。

割裂产品之间的联系并不困难，重要的是保持足够的耐心，销售员需要控制住自己的冲动和急功近利的心态，确保一切都能够循序渐进。许多销售员总是期待着尽快将自己的全部产品或者大部分产品卖出去，因此从一开始就会冒失地打出一套产品组合，或者将那些获利最大的产品推销给客户，这种做法很容易吓跑客户。

当销售员在割裂产品联系并且顺利出售一些小产品时，他们需要为接下来的交易做好准备。此时，他们要做的就是努力构建产品之间的关联性，确保之前的小产品与接下来的大产品之间的有效连接，为说服客户找一个最佳的理由。在构建关联性的时候，往往可以从以下两个方面入手。

第一是组合，销售员需要强调小产品与大产品之间的组合关系，这种组合是固定的、合理的，一旦破坏组合，那么产品的价值和意义将会打折扣。就像一套工具一样，单纯地购买某一样工具，都会影响产品的使用价值和价值，就像买了筷子而没有买碗一样，会对个人的用餐体验产生很大的影响，只有将它们组合在一起才能最大限度地发挥出它们的价值。因此，销售员要打造一个新的组合，或者将原本分裂开来的组合重新组装，放大它们的价值，以此来吸引客户。

第二是搭配，搭配与组合有一些类似，但两者有所不同。组合更多的是一种客观上的联系，而搭配更像是一种主观体验，就像穿衣服一样，不一定非要买商家准备好的套装，只要颜色相配、材质相同、整体上的观感顺眼，那么就可以进行合理搭配。假设销售员想要让客户购买一整套家装产品，可以先让客户了解一下茶几，等到客户购买茶几后，销售员可以顺势向他推销高档茶具，可以推销名贵的地毯，可以推销非常时尚的壁画，可以推销最新款式的窗帘。销售员在推销产品时，可以针对客户的潜在需求进行搭配，在搭配的时候，可以从颜色、外形、档次等方面入手，让客户意识到自己有机会进一步提升个人的形象。

　　无论是组合还是搭配，本质上都是一种价值递进的模式，可以以此来满足客户更大需求以及维持良好形象的需要。

第一次成交

后发制人，先让顾客说出自己的想法

客户经常会问这样一个问题："你们和×公司相比，产品具有什么优势？"面对这样的问题，许多销售人员可能会滔滔不绝地讲述自家项目或者产品的优势，会将自家产品的特点全部说出来。这样的回答往往会落入对方的谈判陷阱之中，因为无论销售人员说了多少优点，无论将自己产品宣传得多么出色，对方肯定会找出漏洞，强调×公司在××方面具备更大的优势。

比如，当客户询问手机销售商："你们公司的智能手机为什么比其他公司同类型的智能手机贵一些呢？我想知道你们的产品具有什么优势？"这个时候，销售商可能会直接描述自己的产品："我们的产品使用了最新的骁龙芯片，我们的电池容量比上一代手机增加了20%。此外，我们的手机还使用了80W快充技术，手机屏幕使用了最新的蓝宝石材质，防摔防磨，而且手机的背部也做了技术处理，手感非常好。"这个时候，客户往往会针锋相对进行挑刺，告诉销售商其他手机品牌也具有类似的功能，而且它们还拥有一流的摄像头，并具有良好的防水性能。

很明显，当销售商率先说明自家产品的一些性能和特点时，就已经落入被动局面，客户就可以针对性地进行反驳，而且他们只需要找出其他产品所独有的一些性能即可。这个时候，销售商自然就没有理由和底气卖出一个理想的价格了。

这种沟通模式在销售工作中非常常见，很多销售员就是因为急于回答而陷入被动，被客户牵着鼻子走。那些有经验的销售员在面对这类问题时，并不会立刻给予回应，而是选择对客户进行反问，在反问中寻求化被动为主动的机会。

他们往往会这样询问客户："我想您对×公司非常了解，那么冒昧地问一句，×公司有哪些地方让您感兴趣，或者说它的产品在哪些方面具备很大的优势？"这样一句反问不仅有效避免自己入坑，同时也将问题暂时进行转移，这样销售员就有机会获得反击的机会，因为提问本身就是套取信息的最好方法。当客户逐条说明×公司产品的特点和优势时，销售人员此时完全可以用同样的策略和方法去应对客户。销售人员可以针对客户描述的内容，重点强调×公司的产品所不具备的特性："看得出来您很有眼光，事实上，我们公司的产品在这些方面同样具备优势，除此之外，我们公司的产品还有其他亮点，比如……"通过反问，销售员就顺利占据主动位置，牢牢掌控局面。

在博弈中，信息往往起着决定性的作用，谁掌握了更多更有价值的信息，谁就能够制造信息不对称，并利用这种不对称来获取博弈的主动权。无论是客户的提问，还是销售员的反问，本质上都是一种后发制人的策略，目的是通过提问来套取更多的信息。后发制人拥有一个最大的优势，那就是可以先听听对方说了什么，看看对方做了什么，了解对方的真实想法，了解对方的需求和谈判的策略，然后做出有效的回击。这也是为什么一旦对方做出了相应的回答，提问的人就可以针对对方谈话的内容进行反驳，然后找出对方谈话的漏洞或者对方没有谈到的要点，这样就可以有效压制对方，并为接下来的交易把握更多的主动权。

对于销售员来说，了解客户内心的想法，了解客户的真实需求，是促成交易的基本前提。为了说服客户，销售员不要急于展示自己的产品特色和服务优势，而应该先让客户谈一谈他们的想法，销售员可以做好以下几项内容。

第一，销售员需要重点了解客户对自家产品和服务的看法。只有了解客户是如何看待销售方的产品和服务的，才能够知道客户购买产品的决心，并且针对对方的评价给予适当回应，展示出更多的优势。一般来说，销售员可以直接询问客户："您是如何看待和评价我们的产品和服务的，您对我们的产品和服务熟悉吗？有没有什么特别的体验？"

第二，销售员需要弄清楚客户对竞争对手的产品是否了解，是否有喜欢的产品，以及对这些产品的哪些性能最在意。了解这些信息有助于销售员找到新的切入点和卖点来保持竞争优势，并赢得客户的关注。销售员需要着重询问客户有关其他品牌产品的问题，比如"您对市场上的同类产品了解吗？您是否有心仪的产品？这些产品究竟有哪些地方吸引您？"

第三，销售员应该了解对方对产品性能和服务的真实需求，弄明白对方理想中的产品是怎样的。通过客户的描述，销售员可以更好地对照自家产品，看看是否能够满足对方的需求。通常情况下，销售员可以这样询问客户："如果让您选，您渴望一款产品拥有什么样的性能？或者说您心目中的理想产品是怎样的？"

第四，销售员必须弄清楚客户对交易有什么特别的要求，会对自己的产品提出什么样的要求，他们是如何看待这一次交易的。为此销售员需要直接询问客户："不知道您对这一次交易有什么特别的要求，需要我们做点什么？"

需要注意的是，销售员在交易中不要过早暴露自己的全部筹码，也不要过早透露相关的交易信息。凡事要有所保留，这样才能确保自己在关键时刻能够针对性地提供更具诱惑力的筹码。

利用客户之间的博弈，争取利益最大化

有一家体育用品专卖店在开业10周年时，推出了一个为期7天的大促销活动。专卖店打出了这样的促销广告：活动的第一天，专卖店内的所有商品一律7折；活动的第二天，专卖店里的商品打6折；活动的第三天，所有商品打5折；活动的第四天，所有的商品降为4折；活动的第五天，所有商品一律3折；活动的第六天，店里的商品直接2折出售；活动的第七天，所有的商品直接打1折。店里的产品有限，希望大家积极选购。

这个促销广告很快吸引了大批消费者的关注。作为一家品牌店，如果真的能够买到1折的商品，那可真是捡了一个大便宜，于是很多人都盘算着如何买到更便宜的体育用品。按照惯性思维，很多人会选择在第7天的时候进入店里消费，因为这一天的商品价格最便宜，消费者可以花最少的钱买到心仪的商品。可事实却并非如此，在整个促销活动期间，有一个内容很关键，那就是产品是有限的。这就意味着消费者之间不可能做出约定，全部集中在最后一天消费。由于担心自己那一天买不到产品，他们会想着提前购买产品，尽管折扣少了，但总比买不到产品强。

以消费者甲为例，他一定会这样想："到了第七天的时候，自己肯定抢不到产品了，因此必须提前一天抢购。"可是，消费者乙、丙和其他人肯定也会这样想，因此他们会想尽办法赶在前一天购买商品。而甲能够猜到其他人的想法，他绝对不允许这样的事情出现，为此，他会继续将购买计划提前一天。为了避免甲捷足先登，其他人不得不考虑继续提前一天，选择在第4天进店。当双方在这种相互猜疑中步步向前推进时，可能会不断把购买计划提前。

考虑到消费者对折扣力度的看重，多数消费者在促销活动的第二天和第三天基本上就购买了心仪的产品，而专卖店里用于促销的商品在这两天销售一空。也就是说，专卖店最终以6折和5折的折扣卖掉了所有的商品。不仅如此，专卖店还巧妙地借助这一次促销活动拓展了自己的影响力，也吸引了一大批新的顾客。

对专卖店的销售策略进行分析，就会发现专卖店之所以会设计出这样一个"逐步增加优惠"的促销活动，目的就是希望通过最大的优惠来吸引更多的消费者。专卖店早就计算好了一切：在折扣商品有限的情况下，消费者之间会相互猜疑、相互揣测、相互博弈，最终他们会互为阻碍。

这种不断往前推移的博弈方式被人称为蜈蚣博弈，这是由经济学家罗森塞尔提出来的。蜈蚣博弈是一种典型的博弈悖论，明显打破了常规思维，而它的核心就是原本应该合作的博弈双方，往往会为了满足自身的利益而走向相互猜忌、相互背叛的道路。

对于销售员来说，销售活动中的博弈并不仅仅停留在自己与客户之间，必要的时候，销售员会将其他客户纳入博弈当中，利用客户之间的博弈为自己谋取更大的利益。从某种意义上说，销售员将客户之间的博弈纳入自己的博弈计划当中，表面上是客户之间的博弈，但本质上还是销售员与全体消费者之间的博弈。

优秀的销售员懂得如何"做局"，利用客户之间的竞争属性（利益争夺）为自己创造更大的利润空间。在整个"局中"，销售员需要做好两点：第一是提供具有诱惑力的产品和服务，第二是限制优质产品和服务输出。

为了达到刺激客户相互博弈的效果，销售员首先要提供具备吸引力的产品和服务。他们为客户提供的产品应该是优质产品，为客户提供的服务也是优质服务，只有这样，客户才愿意加入这个博弈活动中来。通常情况下，最好的方式就是利用客户喜欢以更低价格购买好商品的消费心理，设定一些优惠活动，然后通过优惠活动吸引大量客户参与到相应的销售活动中，从而为下一步的博弈做好准备。

接着，限制优质产品和优质服务的输出，造成哄抢的局面。比如，商家为了让产品更好卖，且能够卖到一个更好的价钱，往往会适当限制产品的出货量，从而造成市面上产品的稀缺，同时也可以给客户造成一个错觉，认为产品非常好，非常受欢迎。这个时候，他们就会加快抢购的速度，甚至愿意加价购买，以便抢到一手货源。客户相互抬价和抢购的行为无疑会让产品变得更畅销，品牌影响力也会得到提升。

会员卡制度的推行本身也是一种类似的博弈策略。商家设置所谓的会员卡，就是让顾客享受到一些特权，而这种享受可能会影响其他顾客的体验，或者引起其他客户的羡慕和嫉妒。这个时候，一些客户就会选择花钱成为会员，抢夺仅有的一点特权资源。

需要注意的是，无论是蜈蚣博弈，还是限制出货量让客户互相抬价，销售员都要注意一点，那就是确保自己提供的产品和服务是优质的，符合最初对客户做出的承诺。销售员不能为了提升销量就选择以次充好，这样做只会伤害客户的信任，并对品牌造成不可逆的伤害。

拒绝零和博弈，打造双赢局面

在生意场上，许多人仍旧停留在过去零和思维状态，他们会将生意当成一种零和游戏，认为自己与客户之间永远处于一种零和博弈状态。所谓零和博弈，简单来说就是一方赢一方输且双方的输赢总和为零的博弈状态。比较常见的零和博弈就是赌博，在赌桌上，一方赢钱必定意味着其他人输掉了这笔钱，胜者赢到的钱刚好等于败者输掉的钱，双方的输赢总和等于零。零和思维的人会认为整个世界是一个封闭的系统，相关的财富、资源、机遇都是有限的，当少数地区、少数机构以及少数人增加财富的时候，必定意味着其他地区、其他机构以及其他人那儿的资源和财富减少了，这个减少的部分正是被增加财富的人掠夺了。

一些商家会认为自己与客户之间的交易就是单纯的利益争夺战，如果不为自己争取最大的利益，那么这些利益就会被客户夺走，因此必须不断强化自己的立场，在谈判中不断运用技巧来获取利益。在必要的时候，为了满足自己的利益，不惜损害客户的利益。而这种做法很容易导致双方的合作受到损害，并对商家的品牌和信誉造成很大的破坏。零和思维是企业发展壮大的重大阻碍，需要及时进行调整和改进。其实，从交易的本质来看，合理的交易应该是双方各取所需，销售方可以通过交易来获利，而客户则从交易中满足自己的需求，双方完全可以通过合作的方式放大自己的收益。

某个经销商准备售卖一批挖土机，如果选择自己一个人干，那么一个月也许只能卖出去1台挖土机，扣除进货成本70万元，可以获利5万元（每台挖土机的售卖价格为75万元）。为了确保单台挖土机的利润最大化，经销商可能会一直坚持75万元的售卖价格，但是每个月也只能卖出去一台，也就是说每个月的净收益只有5万元。

可是如果经销商转变思维，直接选择把价格降到73万元，那么每个月便能够卖出去5台挖土机。这个时候，虽然单台挖土机的利润被压缩了2万元，但是由于让利给客户，获得了更多的订单，每个月总体上的净收益反而提升到了15万元。

经销商发现自己一个人出售挖土机，销量实在非常有限，于是打算让更多人参与到销售活动当中来，于是他开始发展下线经销商。不久之后，他找到了5个经销商，将他们当成了客户，然后按照每台挖掘机72万元的价格卖给他们，至于他们卖多少钱则随意。由于发展了下线，这个经销商每个月都可以卖出去15台挖掘机，净收益达到了30万元。

这个经销商之所以可以从每个月赚到5万元的收益，变成每个月赚到15万元以及更高的30万元，便是通过适度让利给客户，以价换量，最终实现了自己与客户的双赢。

对于商家来说，最理想的状态是构建正和博弈的状态。正和博弈简单来说就是博弈双方都可以获利，这是一种非常理想的交易状态，它的核心理念就是双方通过合作创造更多的财富，确保双方都有利可图，而这也是推动

137

企业不断发展、市场不断扩大、行业不断进步的重要方法。让利是打破零和思维的重要策略和手段，也是构建正和博弈的关键。通过让利，可以让客户获得更多的收益，并且提升其对销售方的信任度，从而提升他们合作的积极性，这样双方就会扩大合作的范畴。

让利是一种非常实用的销售策略，而在具体的销售过程中，销售员可以选择几种常见的让利方式来赢得客户的认同。

第一种是低价和优惠模式，这种让利模式简单直接，销售员只需要降低产品和服务的价格，以客户更容易接受的价位来打开销路即可。以低价来换取合作的量，采用薄利多销的策略，这样可以让交易双方都获得不错的收益。

第二种是互补与交易，简单来说，就是销售员在满足自身利益的同时，先看看自己可以满足对方什么需求，或者说客户最渴望从自己这里获得什么满足。销售员需要懂得满足对方的需求，然后以此为交换条件，从对方手里获得自己想要的东西。假设甲销售的产品正好是乙需要的，而乙手上正好有甲所需的产品，那么这个时候，最理想的状态就是双方进行产品互换，甲可以先满足对方的需求，然后提出自己的条件。这样一来，甲乙都能够获得自己所需的东西，确保自身利益最大化。

第三种是扶持，这里所谈到的扶持，就是指商家想办法帮助客户解决眼前的困难，或者为客户提供某种资源。考虑到客户的支付能力，商家可以选择以很低的报酬给予帮助，或者无偿提供资源和技术支持，扶持对方所看重的项目。等到客户发展壮大起来，自然会给予丰厚的回馈。实施扶持客户的策略，看重的是未来的回报和收益。

无论是哪一种让利方式，最核心的一点就是先满足客户的需求，以此来换取双方更多的合作机会，为自己后续的获益奠定基础，也为后续的发展提供强大的助力。

借助低价优势，绑定客户

在日常生活中，经常会发现很多商家会以非常低的价格出售商品，有时候甚至以低于成本价或者赠送的方式吸引客户。人们或许会感到好奇，为什么商家要做亏本的生意呢？难道他们真的只是希望借助一些所谓的低价模式或者免费模式来吸引流量吗？

事实上，这些所谓的低价商业模式，并不是真的完全不赚钱，商家一般都会通过延长产品和服务的利润链条，设计更多的隐性利润，来满足自己的利益需求。在实施这些商业模式的时候，前期一般以低价供应或免费提供产品和服务的方式最大限度地吸引客户，目的是打造一个足够大的流量池。接着，商家会在下一个或者下几个环节中设置一些盈利项目，确保自己最终能够赚钱。在整个过程中，低价或者免费并不是不要钱，而是以此来引流，获得市场份额，并抓住客户、捆绑客户，从而为后续的服务创造持续的收益。

这种模式比较隐蔽，往往可以赚客户和同行看不到的钱。它的功能主要有两种。

最常见的一种功能就是市场挤压，简单来说就是商家通过低价或者免费模式快速吞并市场。当市场受到挤压后，竞争对手往往会因为生存压力而离开，此时商家就可以掌握更大的主动权，客户也会慢慢习惯商家的产品和服务。在那之后，商家就完全可以设置其他一些项目，获取利润的最大化。

一些超市在进入某个城市的时候，会将价格打到行业最低。不仅如此，超市还会推出定期免费领小礼品的活动，或者定期赠送某些商品的活动，从而将当地的人流全部吸引过来。由于客流量越来越少，当地的其他超市很快就因为客户消失而退出市场。这个时候，这家超市在当地市场上就掌控了流量，也拥有了更多的话语权。超市这时推出一些价格更高的新产品，提升自己的利润，而当地的消费者因为没有其他的选择，只能继续在这家超市购物。

还有一种功能就是深度捆绑，培养消费习惯，提升用户转换成本。比较常用的模式就是通过前期低价或免费的产品和服务来影响客户的消费习惯，提高用户脱离相关产品和服务的代价。

比如，一家软件公司会免费为客户提供两年的产品使用权，客户往往无法拒绝这样的优惠。当他们使用一段时间后，就产生了一种消费惯性和使用习惯，而且将其与自己的生活、工作深度捆绑。两年之后，公司开始进行软件升级，费用为3万元，还要额外支付使用配套APP所需的2万元费用。此时客户虽然觉得贵，但也还是会接受，因为更换其他产品的成本更高，一方面要支付新产品的使用费，还要熟悉新产品的使用功能；另一方面，自己在原有软件的文档和资料，如果重新备份和存档的话，太过于烦琐和复杂。经过对比，他们大概率还是愿意支付软件升级的服务费用和配套产品的使用费。

无论是低价模式，还是免费商业模式，都属于诱钓模式的一种。它的核心理念就是通过低价和优惠政策来吸引客户的注意力，等到将客户培养成为自己的忠实客户之后，再通过其他利润点的设置来提升收益。为了绑定客户，商家需要想办法保证自己的优惠幅度比竞争对手更大，确保自己的优惠项目比竞争对手更具吸引力。

在实施这一商业模式时，商家一般需要对市场进行全面的了解，需要对消费者的消费模式、行为习惯进行分析，明确用户喜欢什么，期待获得什么，而市场上的同类竞争者缺乏什么，从而寻找可以低价赠送和免费输出的点，迎合和满足用户的需求，进而引导和固化用户的消费行为。

除了设置更大的让利幅度之外，商家需要找到新的利润点，也就是说在低价商品之外寻找新的利润增长点。在这里，需要注意一点，很多商家为了吸引客户，一开始会选择降低价格以及提供一些优惠政策，一旦将客户牢牢吸引过来，又会迫不及待地恢复原价，甚至故意提升价格。这样的做法是销售的大忌，因为客户往往都有消费惯性，当他们长时间享受某件商品的折扣和优惠时，如果突然取消优惠，他们很容易对该商品以及商家产生不满的情绪，甚至有可能会直接选择放弃在商家这里购物。

还有一些商家只想着如何吸引客户，如何拓展市场影响力，盲目采取低价引流的方式，而没有认真想过如何在其他项目上增加盈利。结果，导致自己被大量低价出售的商品给拖垮，高额的成本支出会让商家陷入资金不足的困境。

真正聪明的做法是维持原有商品和服务的优惠政策，然后想办法寻找新的利润增长点，比如提升额外服务的费用，提升配套商品和服务的费用，推出一些新的商品和服务。一般来说，在推行低价政策时，商家就应该设计出一个完整的销售和消费流程，设定与低价商品相配套的产品和服务，确保客户无法拒绝之后的消费项目。

第七章

讲好故事，打造更强的品牌力

第一次成交

打造一个出色的品牌故事

想要做好销售,往往需要打造强大的品牌力,而强大的品牌力离不开一个优秀的品牌。对于商家和销售员来说,品牌可以帮助他们提升销售的效率、降低销售的成本,因为好的品牌往往可以更好地吸引关注,有时候品牌就是最佳的广告。而在打造品牌的时候,故事则是非常好的材料,好的品牌离不开好的故事,好的故事可以为品牌的塑造提供很大的助力。

很多商家和销售员认为,品牌力的打造在于质量的把控,在于产品性能的提升,在于服务的水平的提高,只要产品好、服务到位,那么产品的知名度就会得到提升。可实际上在激烈的竞争环境中,从来不缺少好产品和好服务,而真正能够被人记住且熟悉的品牌却并不多见。很多时候,客户能够分辨出产品的好坏,能够意识到品牌的好坏,但是他们未必会对产品以及品牌产生深刻的印象、做到每次消费时都能够准确地说出品牌的名称。

一个好的产品会推动品牌价值的提升,但是好的品牌想要拓展市场影响力,想要在消费者心中占据一席之地,往往并不容易。在日常生活中,很多客户都有这样的经历,他们在购买一件质量很好的产品时,会对产品赞不绝口,可是当他们下次想要购买时,却不知道这款产品的具体信息,也说不出产品的品牌名称是什么。市场上从来不缺好产品,但好产品未必会转化成为优秀的品牌。想要打造优秀的品牌，想要让品牌被更多的人熟知，并且具备吸引客户的能力，仅仅依靠好的产品是不够的，还需要一个好的品牌故事来宣传品牌的价值与魅力。《财富》杂志的主编托马斯·斯图尔特认为，故事可以提升和强化产品或者商家的形象，推动企业文化和品牌形象的传播，并影响消费者的价值观。简单来说，商家不仅仅在卖产品，而且是展示一种服务理念和品牌魅力，销售人员的所有故事框架和内在思想都是一种品牌价值宣传的形式。

如果对那些优秀的品牌进行分析，就会发现它们都具备非常好的品牌故事。相比于产品的影响力，品牌故事对于品牌力的塑造也加分不少。

比如，苹果公司一直以来都善于利用故事来宣传品牌，提升产品的影响力。早在20世纪八九十年代，乔布斯就善于利用对抗来构建一个绝佳的品牌故事。他将IBM比喻成一个十恶不赦的暴君，而苹果公司扮演正义的角色，负责推翻IBM的统治。尽管充满了争议，但乔布斯毫无疑问将苹果公司以及苹果公司的产品销售推向了高峰。随着苹果手机的崛起，乔布斯又开始借助每年的新品发布会为每一个即将发布的新产品宣传，通过场景化的布置以及故事性的宣传，使得苹果公司成为最具市场穿透力的品牌。

对于商家和销售员来说，想要提升品牌的知名度，想要让品牌被更多的客户所熟悉，并牢牢控制用户的心智，就必须想办法打造更具影响力的品牌故事。通过讲故事的方式来诉说品牌的成长历程，输出品牌的内容和内涵，传递品牌的价值观，品牌故事的价值在于告诉客户"我们是谁，拥有什么价值"。

在讲述品牌故事的时候，可以从几个方面入手，最常见的就是优势呈现，即品牌故事围绕着"产品有什么优点和价值"来展开。整个故事的内容包含了公司和产品的定位、产品的性能、产品的价值等，比如乔布斯讲述苹果公司的品牌故事时侧重于强调品牌的定位和价值的与众不同。

品牌的设计理念也是讲故事的一个核心内容，品牌是如何设计出来的，品牌设计的依据是什么，整个品牌的logo设计有什么说法，背后有什么样的故事作为支撑。讲述品牌的设计故事，无疑会让品牌更加深入人心。同样以苹果公司为例。

> 苹果公司的销售员会告诉客户：在设计苹果公司的logo时，乔布斯之所以会选择右边有一个缺口的苹果，据说是因为乔布斯当年在印度时，工作非常努力，而且经常靠吃苹果度日。在他看来，苹果代表了生命力，缺失的口移到logo上端形成果柄，代表生命力与新鲜感，而啃苹果代表了一种科学的钻研精神，缺失的那一口则意味着用户体验，整个设计充满了科技感与人文情怀，这一点特质与其他品牌并不相同。

除了强调品牌价值、品牌设计之外，品牌故事往往还可以侧重于对品牌的诞生和产品发明的追溯，这一类故事往往和品牌创始人的生活经验息息相关。创始人的个人经历和公司的成长模式会巧妙地融合到品牌的成长过程中。

> 著名护肤品牌海蓝之谜（雅诗兰黛集团旗下的子品牌）在宣传自己的品牌时，就打造了一个非常出色的故事。著名的物理学家麦

克斯·贺伯博士在实验室里遭遇意外，导致身体遭遇了严重的灼烧，贺伯博士四处寻医，可是烧伤的皮肤一直没有办法得到改善。为此，他下定决心亲自研究和开发相关的产品。在那之后，他花费了12年时间，历经6000次实验，终于在1965年发明了海蓝之谜。这款神奇的面霜让贺伯博士的皮肤变得细腻光滑，原有的伤疤也慢慢恢复如初。

品牌故事并没有固定的风格和模式，每一个商家和销售员都可以按照自己的实际情况设计出合适的故事。但无论是什么样的品牌故事，最终都需要呈现出品牌的相关特点，必须承担起品牌价值宣传的重任。

减少数据分析,更多地刺激顾客的感官系统

为了确保自己在介绍产品时更具说服力,许多销售员会选择向客户进行数据分析。相比于其他描述方式,数据分析无疑会让自己的说法更加客观和真实,同时也能够更好地支撑自己的观点。如果对各种广告进行分析,就会发现许多商家和销售员非常喜欢在广告中用数据说话,诸如自己的产品这一年卖出了多少份,自己的产品销售额比上一年度提升了多少,或者强调自己的产品吸引了多少用户。即便在介绍产品的性能时,他们也喜欢刻意凸显数据的作用和价值,这是因为数据可以更完整、更直接地表现出产品的优势。

数据分析具有很多优点,能够很好地展示产品的各项参数,也可以让销售员看起来更加专业,但数据分析同样具备一些缺点,比如数据分析会造成客户理解上的困难。对客户来说,想要将数据直接转化成为产品的价值体现,这是一项比较困难的工作。面对各种各样的数据,他们的情绪很难被调动起来,因为数字很难真正让他们对产品产生很好的印象。相比之下,客户更加喜欢那些感性的、能够刺激感官系统的故事。

比如,中国几乎每隔一段时间就会升级移动通信技术,但是考

虑到技术完善度和资费的问题，很多用户常常会选择保守的姿态。这个时候，各大营业厅开始说服自家的用户升级网络。在推销新一代网络技术的过程中，许多业务员可能会直接拿数据说话，他们会这样告诉用户：2G网络的数据传输速度一般为每秒几十KB，3G网络要比2G快好几十倍，4G网络能够以100MB的速度下载，上传的速度也能达到20MB。至于5G网络，其最高传输速度可达每秒几十GB，几乎比4G网络的传输速度快数百倍。

单纯的数据对比，的确可以让人感觉到新一代移动通信技术的优势，但这种优势能够被用户真正认识和理解吗？情况或许并不那么乐观，因为多数用户都不擅长数据分析，数据具体代表了什么，数据的提升具体带来了什么，他们并不能直观地理解。这就导致他们在升级网络技术时，可能会存在滞后性。

那些优秀的业务员会用一些更加直观，更加能够调动用户感官系统的方式来推销自己的产品，比如他们会这样告诉用户不同移动通信技术之间的区别："假设你想要和朋友们聊天，那么2G网络的话只能逐个人发送短信之类的文字信息，而3G网络则可以向他们发送图片，使用4G网络的时候，你可以观看朋友们的视频，而升级到5G的话，你就可以和所有朋友一起进行视频互动。"结果，用户很快就选择升级网络系统和网络技术。

相比于枯燥的、专业性强的数据分析，业务员直接将相关的销售内容转化成为用户更容易理解的感性信息，这样就可以提升用户的消费意愿，也可以真正把握住用户的痛点。

从生理学和心理学的角度来说，人对于信息的处理并不是倾向于理性的、逻辑化的、复杂的机制。通常情况下，大部分人都不愿意动用自己的逻辑分析能力来处理自己所遇到的各种问题，因为这样做必须动用左脑。左脑也被称为"文字脑"，主要功能就是处理文字和数据等抽象信息，它负责理解、分析、判断各类事物，会消耗大量的能量和耐心。数据分析和理解通常会消耗掉人们大量的能量，这并不符合人类追求简单、直观、主观的思考方式的本能。第一，人们往往会对数据背后的真实性产生怀疑，认为这是卖家随便设置的一个数字，为的就是提升产品的说服力。他们不会去花费时间验证数据是否正确合理，但质疑往往会一直存在。第二，客户往往会很难真正理解数据背后的含义，即这个数字究竟代表了什么，能够证明什么。就像某商家宣传自己每年可以卖掉500万个杯子一样，很多人对于500万个杯子并没有很深刻的认知，一些人甚至会觉得实现这个目标很简单。

相比之下，人们更喜欢运用感官化思维来思考问题、分析问题、理解问题，感官体验是人们做出判断的重要保证。而感官化思维来源于右脑的刺激，右脑也被称为"图像脑"，主要帮助人类处理声音和图像等具体信息，它将收到的讯息进行图像化处理，具有感性和直观的特点。

数据分析以及一些理性分析方式往往会让销售变得更加艰难，如果没有什么必要，最好不要摆数据给顾客看。销售人员想要更好地说服顾客，那么就要想办法刺激顾客的右脑，通过声音、色彩、感悟等方式为顾客营造更直观的画面感，帮助顾客形成一个更主观的印象。

比如，在描述食物的时候，可以绘声绘色地讲述用餐的场景，通过对细节的描述来刺激消费者的味蕾。在描述某款音响的音效时，可以利用一些更加生动的语言来描述声音的穿透力和立体效果，讲述声音给人带来的美好感受。在讲述故事的时候，销售员可以通过形象生动地描述让人产生身临其境的感觉，这是激发客户好奇心的关键。

在必要的时候，销售员可以将故事场景化，通过物品展示、声音的播放和氛围的营造来打造一个更具体验感的销售场景，从而更好地渲染故事，并推动客户完成交易。

第一次成交

在讲故事时，注入自己的情感

作家乔纳·伯杰在《传播力：它为何流行》一书中这样谈到，"任何能够点燃情绪的内容，都能激发人们分享的冲动，包括幽默、惊叹、兴奋、愤怒、焦虑等。"在他看来，情感驱动是人们分享内容的一个因素，这也是产品销售过程中需要重点掌握的一个技巧。当一个销售故事充满了情感元素，那么整个故事就会更加饱满、更加感人，也更能够引导客户的情感走势，从而更好地影响客户的行为。

多数时候，销售人员无法通过智力上的计算去影响别人，而情感却能很好地做到这一点。同样在描述一个事实，一些数据化的、逻辑性的理性表达并不能真正将事实传送出去，但是情感可以将事实以一种更加感性的方式传递给顾客。在讲故事的时候，需要融合情感中的情绪、认知、精神，这样做的本质就是利用故事思维找寻自我和他人的情感和认知规律，并以此来补充客观现实。对于那些依赖大数据分析的企业来说，同样需要借助故事来传递相关的信息，因为人类总是需要故事来理解这个世界，来直面内心的需求和欲望。

在讲述故事的时候，注入情感的方式有两种：一种是故事本身的情感分很高，或者说整个故事本身就具有一些动人的情感元素，故事内容很容易引发大家的共鸣；另一种是讲故事的人注入自己的情感，确保表达方式具有很强的煽动性和感染力，通过一些情绪化、情感化的措辞，通过对故事节奏的精准掌控，讲故事的人能够巧妙地调动听众的情感。为了让整个故事更具吸引力，为了让听众产生更强烈的代入感，讲故事的人往往会在讲演时注入更丰富的个人情感，从而引发大家的共鸣。

一些出色的销售高手往往会声情并茂地讲述动人的故事，用自己的情感来打动客户。在这些故事时，销售员可以以第三者的角色对相应的故事内容进行评价和分析，也可以直接讲述自己的亲身经历。作为旁观者时，销售员在描述一个客观事实的同时，可以加入自己主观上的情感内容。在讲述自身的经历时，可以将自己的心路历程和情感宣泄毫无保留地展示出来。

有个年轻人毕业后一直找不到合适的工作，后来干脆开了一家小餐馆，专门卖盒饭。店面开张后，他的盒饭生意非常火爆，每天都要卖出至少几千份盒饭，而且多数人都是提前一天上门订购盒饭。这些人包括附近开店的个体户、写字楼上班的白领、菜市场里卖菜的菜农、工地上的工人，还有很多出租车司机。很多人非常好奇为什么在竞争激烈的盒饭市场，这个年轻人的生意会如此火爆。一开始一大家觉得一定是他的盒饭味道好、价格公道，但是吃过盒饭的人并没有觉得他的盒饭有什么特别，口味是偏向大众化的，价格和其他盒饭也没有什么差别。

后来，有人专门对他进行追踪报道，这才发现生意火爆的秘密。原来这个年轻人每次销售盒饭的时候，都会习惯性地讲述一些故事，比如自己创业做盒饭的故事，自己刚毕业时没有钱，每天最开心的就是吃到一份热乎的盒饭，又或者讲述送盒饭过程中遇到的那些为生活辛苦奔波的打工人的故事。面对不同的人，他总会说出不一样的故事，但所有的故事都是生活化的、饱满的、感人的、有温度的，可以让顾客感受到他对生活的热爱，感受到他对每一个工作者和奋斗者的尊重。这些故事或多或少都让顾客感受到了生活的美好和来自陌生人的祝福，而这无疑会让他们产生好感。

2022年，这个年轻人已经将自己的盒饭店开到了10家。在未来一段时间内，他希望打造一个真正有影响力的盒饭品牌，为更多的顾客提供一份有温度的盒饭。

好的销售故事不仅仅要有好的内容，还要有充沛的情感和人性化的光芒，这才是品牌和产品真正能够走到人心里去的关键。而打造这样富有情感的故事，就需要销售员把握一些技巧，比如讲故事时要设定一些贴近生活的案例，要加入一些富有生活气息的情感元素；销售员的价值观要正确，要符合社会主流价值观；销售员要更多地添加一些个人的感受和认知，表明自己也是有思想、有情感温度的人。

为了确保情感更加充沛，内容更具吸引力，销售员必须强调故事的细节和深度，确保故事从单一的平面转换为一个具有更多维度的生动故事，从而提升故事的层次感、感情色彩和人情味，并提升故事的吸引力和说服力。

需要注意的是，所有的情感线必须符合整个故事的逻辑线，必须跟随着故事的发展来展开，不能为了煽情而煽情。而且，所有的感情表达必须是自然而然的，必须在故事中慢慢溢出来，这样才能够真正打动人心。

为客户构建更加美好的愿景

谈到消费的时候,许多人会惯性地认为人们购买东西就是为了满足最基本的生活需求,就像买碗买锅是为了吃饭,买车是为了出行方便,买衣服是为了保暖。既然如此,那么为什么有的人要花费重金购买青花瓷的碗,要花费巨资购买豪车,要花费大价钱购买奢侈品牌的衣服呢?要知道几十元的商品一样可以满足人们基本的生活需求。

对于这个问题,法国学者安东尼·加卢佐曾经写过一本书《制造消费者:消费主义全球史》,书中详细描述了1800~2000年之间消费主义的诞生和发展历程。作者认为,商品经济的发展并不是仅仅满足社会发展下的生活需求,还将人类变成了习惯自我定义的消费者。作者通过分析,发现现代社会体系中,一个人的身份通常都不是依靠继承得来的,也不是依靠规定来确认的,而是在各种各样的消费生活中"制造和发明"自己的身份。

安东尼·加卢佐强调了一个现实,各种百货商店、商场、超市、专卖店里的产品,在某种程度上展示了社会阶层的划分。它们无时无刻不在提醒进去消费的人,应该如何去打扮自己,应该选择什么样的东西来点缀生活,应该如何去展示自己的魅力。它们一直在暗示人们:只要购买了某一件商品,就可以成为某个群体中的一部分,就可以获得相应的社会身份。

现代人具有明确的反思精神，他们渴望拥有一个独特的自我，渴望有所转变，并期待着自己越来越好。物质生活激发了这种想法和需求，同时也让人们意识到自己身上存在更多的可能性，这种可能性是超越地域限制和平凡生活的。一旦他们有机会通过消费来证明这一点，就会义无反顾地尝试购买适合自己或者自己一直期望的产品，进而获得某种身份的象征。总之，人们会通过消费来重塑自己的身份，甚至来界定自己的社会阶层。

比如，很多人通宵排队购买苹果手机，这些消费者并不仅仅将苹果手机用来通话、发微信，而是用来展示自己的身份。

同样地，有很多人之所以选择进入一线城市买房，甚至不惜背负沉重的房贷，内在的一个基本动力就是对一线城市生活的向往。他们渴望成为一线城市的人，从而享受到更好的教育和医疗，享受到更丰富的城市生活。

通过消费来重塑身份，并不都是商品自身的魅力引发的一种"上进心理"，更多时候还是源于企业、商家和销售者的包装、宣传、引诱。销售员在销售产品的时候，通常会针对顾客和客户的这种心理，通过故事讲述为对方构建一个更美好的愿景，从而迎合并强化对方试图获取更高身份的理念。简单来说，就是销售员会暗示客户，只要购买了相关的产品，就可以满足塑造身份的需求。

销售员通常会向顾客和客户贩卖焦虑，描述对方所遭遇的问题和困境，然后放大可能出现的不利结果，接着适时宣传自己的产品，并暗示对方只要拥有了这款产品，就可以解决所遇见的问题和困难。从某种意义上来说，大多数广告都在做同样的事。很多人打趣说现在的广告就是让消费者感到自卑和尴尬，然后又告诉消费者只要使用了自己的产品，就可以消除自卑化解尴尬，像洗发水、牙膏、口香糖、衣服、车子、房子的销售都是如此。从贩卖焦虑到提供解决问题的方法，本质上就是一个造梦的过程，帮助消费者塑造身份也是一个造梦的过程。

在轰轰烈烈的城镇化过程中，为了让更多人进城买房，卖房的人通常会强调几个点：第一，农村的房子不值钱，没有任何交易价值，城里的房子却可以在市场上流通，并且具有很大的增值空间，所以他们会谈论那些商品房增值的故事来吸引买家；第二，农村的孩子进城读书很难，因为农村的房子和户口不值钱，不是一张"进城生活和学习"的通行证，而城里的房子则是一个硬性的保障，只要进城购买了房子，就可以拿到城市户口，成为城里人，就可以享受城里的教育和社保；第三，城市的生活条件更好，而且可以帮助人们增长见识、拓展眼界，可以帮助人们提升个人的层次，对孩子日后的成长也有很大的帮助。

拓展开来，人们在日常生活中所购买的很多商品都具备造梦的属性，销售员也会不断给消费者打造更美好的愿景。卖车的也经常会将豪车作为身份象征来暗示消费者，并强调豪车在社交方面产生的强大助力。那些昂贵的名牌衣服则常常被销售员描述为精致生活的一种重要体现，当消费者想要成为一个有品位的人时，就容易被销售员构建的愿景说服。像钻石的畅销就是造梦的典型例子，从产量来说，钻石并不稀缺（尤其是人工钻石的快速发展），也没有什么特别的价值。商家和销售者却将它和爱情联系在一起，打造了各种各样的爱情故事，认为购买钻石不仅是身份地位的象征，还能够拥有一份恒久不变的爱情，因此钻石就成为成功人士与爱情守卫者的标配。对于多数人来说，花几千元、几万元，甚至几十万元购买钻石并不是什么好的选择，但身份提升所带来的优越感和满足感最终让多数消费者战胜了理智。

需要注意的是，个人的能力、资源以及眼界，决定了他们只能选择适合自己生活条件的商品，或者偶尔设置一些更高的目标。销售员在推销产品的时候自然也需要掌控好力度，否则就会让人觉得不真实。

在故事中加入更多的创意

古驰品牌的宣传策划师格鲁德认为:"讲故事是一种销售活性化的方式,它让消费者变得感性。"想要让消费者变得更加感性,不仅要求故事富有情感,还要确保故事创意十足,能够调动顾客的好奇心和兴趣。

创意是销售故事中不可或缺的元素,广告策划大师乔治·路易斯说过:"广告没有法则——它所需要的是灵活地思考而不是'法则'。"在他看来,任何一个故事都具有打破规则的属性和目的,广告就是一种打破规则的艺术,而不是建立规则的科学。对于销售人员来说,想要确保故事能够产生更大的影响力,就必须想办法制造一些非常规的东西,并且将这些东西当成一个卖点。

那些善于讲故事的销售员,往往会脱离那些俗套的法则约束,他们懂得如何构建一个与众不同且富有魅力的独特故事。比如,他们非常擅长讲述别人没有讲述的内容,从而在题材上做到了独一无二;他们会选择非同寻常的设计方式,来构建整个故事,故事的开头、发展、高潮、结尾、切入点和悬念设计都出乎意料,让人觉得耳目一新;他们非常喜欢尝试一些新的叙事方式,通过一些新颖而独特的方式来讲述故事内容,有时候故事结构看起来很乱,但是说完整个故事后,听众又会觉得故事的整体性非常强。他们还非常

第一次成交

善于打造一些开放性的故事，从多个维度上来展示故事的内在，确保每一个听故事的人都会有自己的理解和感想。

  一家食品公司研制出一款新面条，然后还特意召开了新品发布会和展销会，当天的展销会吸引了很多客户前来观摩。为了吸引客户的关注，展销会的负责人上台讲述了产品研发过程中的一些糗事，包括测试口感时，将它和芥末混合在一起吃，结果证明这个混合型的食物很难吃。测试面条的韧性时，直接将一根煮熟的面条穿过鞋带，看看能不能提起一只鞋子，结果面条很快就断了。接下来，公司又不断增加面条数量进行测试。在测试面条的外形时，公司设计了宽扁的形状、细长的圆柱形和正方形、有花纹的和无花纹的，还有各种奇形怪状的包装设计。这些测试故事很快引起了客户的兴趣，最终大家纷纷下单购买。

和其他销售员重点强调产品的性能优势和品牌价值不同，展销会的负责人另辟蹊径，拿一些有趣的故事来讲述产品研发的过程，这种独特的故事形式无疑让人感到耳目一新。在这里，负责人的故事创新就体现为题材（内容）的创新，或者也可以认为是切入点的创新，他选择以这样独特的方式展现产品研发的过程和企业文化，会让品牌变得更加有趣、更加真实。

  一家公司在销售自己的新产品时，提到了公司的一项研究成果：公司曾经做过一项测试，在使用公司的新产品后，50%的被测试者在三个月内的开心指数上升了20%，每天的幸福时间延长了30分钟，自己遇到令人开心的事增加了50%，所以这是一个能够带来好运的产品。这项研究成果真的有那么严谨吗?真的有50%的被测试者在使用产品后变得更加开心和幸运了吗?除了说故事的人,恐怕没人能够说清楚,但即便如此,客户还是非常开心地购买了这家公司的产品,并且非常认真地对每一天的生活状态、情绪变化状态进行了记录。事实证明,当客户想象着自己的状态会变得越来越好时,他们的确能够不断控制好自己的情绪和状态,引导自己变得更加出色。

在这个故事中,公司非常巧妙地让客户直接参与到故事当中,有效增强了客户的服务体验,不仅如此,整个故事本身就充满了美好的祝福。对于客户来说,购买产品本身就意味着未来生活拥有更美好的体验,因此故事很容易为客户创造良好的购买动机。

一家食品店在推销新产品的时候,销售员直接告诉顾客:"经过其他顾客的反馈,公司总结出新产品的七个缺点:这款产品的口感实在太好了,以至于那些立志减肥的人始终无法管住嘴巴;这款产品太香了,从街头到街尾全是它的味道,以至于其他食品店的顾客都被吸引过来,造成其他店铺生意冷清;这款产品的口味太丰富了,造成了顾客选择上的困难;这款产品太廉价了,以至于顾客常常认为自己只适合低层次的消费;这款产品太受欢迎了,导致店里的其他产品都无人关注;这款产品太不懂得细分市场了,导致老少中青四代人都来抢购;这款产品没有添加剂,保存不能超过三天。"销售员说完之后,建议顾客积极反馈新的缺点,确保公司可以继续改进自己的产品和服务。

如果细心观察和分析，就会发现，销售员在这里强调的所有缺点实际上正好是产品的优点。之所以正话反说，就是为了更好地展示产品的价值和店铺独特的服务理念，并通过引导顾客参与"缺点评选"来强化产品和品牌的认知。

从具体的操作来看，故事的创意设计有多种方法，销售员可以按照自己的需求做出不同的设定。无论是内容的改进还是形式的调整，想要让故事具有更多的创意，销售员需要保证自己所讲述的故事与常规的故事呈现有很大的差别，它们需要打破常规思维和模式，需要设计一些意外的内容，需要设计一些逆向思维的元素。只有不走寻常路，有关销售的故事才会变得更加"另类"，更具穿透力，更容易引起客户的兴趣。

运用故事打造一种生活理念

优秀的公司不仅仅在售卖产品，也不仅仅在售卖自己的服务，还在售卖一种生活形态、生活方式和生活理念。奥地利心理学家阿德勒（Adler）最先提出生活形态的概念，在他看来生活形态是个人对所需要的物质生活和精神生活的需求总和。为了满足客户的生活形态，公司会在产品营销中刻意将产品或品牌演化成某一种生活方式，产品或品牌会向客户传递一种独特的生活理念，并以此来吸引客户，最终建立起稳定的消费群体。

香奈儿是最早一批售卖生活方式和生活理念的品牌。在推销自己的服装时，它一直强调女性的独立和自强，宣传和鼓励女性可以像男性一样穿裤子、穿西装，追求服装穿搭上的自由。香奈儿的故事营销改变了新时代女性的消费理念，也推动了她们去追求更加自由、更富个性的生活，而这一切都在推动商品营销方式的变化。

如今产品的同质化越来越严重，产品的黏性越来越差，很多企业和商家开始重视售卖生活方式，甚至将生活理念的传递当成故事营销的基本形态和基本内容。比如，很多装修公司会推出"极简主义生活方式"，一些化妆品公司向用户积极灌输"轻奢主义生活方式"，一些餐饮店会推出"成年人的生活方式"。其他的生活理念和生活方式也是层出不穷，包括一人食的生活理念、

"90"后的个性主义理念、宅男宅女的生活方式、佛系生活方式等,这些都是商家故事营销的主要内容。而在生活理念和生活方式传递的背后,则是人们对美好生活的期待和规划,所有的生活理念都是一种生活渴望和憧憬,这也是产品能够吸引客户关注的主要原因。

可口可乐在过去的广告故事中一直强调自己的产品销量,强调可口可乐的绝密配方,强调可口可乐所扮演的传递爱与和平的角色。百事可乐却另辟蹊径,百事可乐认为可乐产品最终都是服务于每一个懂得享受饮料、享受美好生活的个人,因此在进行产品销售的时候需要凸显出更多的生活元素,需要与生活方式、生活内容完美契合,彰显浓厚的生活理念。于是,百事可乐在设计销售故事的时候,特别强调了生活场景的呈现,百事可乐的市场部负责人这样说道:"百事可乐非常重视喝可乐的人,并且一直努力让人们看到,那些骑自行车、滑雪橇、放风筝或滑翔,做不同事情的人最终都会喝百事可乐。"在具体的营销活动中,百事可乐一直都在强调百事可乐在人们生活中扮演的角色,这些故事始终在传递百事人所推崇的生活乐趣,以及健康的、青春的、充满活力的生活理念。也正是因为如此,百事可乐在可口可乐的挤压下仍旧吸引了大批顾客的关注,并取得了大量的市场份额。

有关生活方式和生活理念的传递,往往存在两种方式,一种是迎合型的,另一种是创造型的。迎合型是指市场上本身就存在类似的需求,客户对某一类生活方式非常向往,商家要做的就是在销售产品时迎合客户内心的想法和需求。这种迎合型的生活方式传递更多时候建立在对市场调查的基础上，商家需要了解客户喜欢什么样的生活，期待着过什么样的生活。

一家名为艾沃超级水果的连锁经营休闲水果店，一直以来都在积极迎合"便捷高效"的快节奏生活理念。店内的服务员总是向前来购买水果的顾客讲述一些快节奏生活的故事，他们会告诫顾客"不要让享受水果成为一种生活负担"。而为了迎合年轻人快节奏的生活和消费，艾沃超级水果店不仅进口了高端水果，还在装修上尽可能采用休闲风格，门店内更是设有休闲卡座。不仅如此，门店提供现场榨汁的服务，顾客在购买水果后可以直接榨汁，省去了买回家后自己清洗、削皮、去核、榨汁、清洗榨汁机和杯子的麻烦。由于一直在灌输快节奏消费的生活理念和推行一站到位的服务机制，这家水果连锁店很快赢得了年轻人的欢迎。

创造型是指市场上没有被挖掘出来的需求，不过由于社会的发展和消费环境的变化，这些潜在的需求迟早会形成一种趋势。想要创造出一种新的生活方式，商家就需要想办法打造一款革命性的产品，要对消费理念和生活理念有超前的认识。苹果公司便挖掘了一种追求时尚与科技相结合的消费理念，并因此影响了整整一代人。

对于商家和销售员来说，想要让自己的产品具有传递生活方式与生活理念的功能，那么就不能仅仅将卖点停留在产品的性能上，而应该强调产品在使用过程中带来的独特体验。商家和销售员要强调产品对人们精神的满足，也需要在故事中阐述产品对生活带来的改变。

第八章
拒绝不合理的销售模式，避免入坑

第一次成交

不要对客户进行情绪勒索

心理学家苏珊·佛沃在《情绪勒索》一书中提到了"情绪勒索"的概念，它主要是指人们一旦无法承受负面情绪，或者找不到发泄口时，往往会威胁和逼迫他人顺从自己的意愿行事。在进行情绪勒索的时候，人们通常会动用情感作为威胁，通过一些不当的情绪表现，或者一些刻意扭曲行为，刻意放大对方身上的一些不当行为或者不配合的行为，导致对方产生罪恶感和内疚感。这个时候，人们就会运用情感力量约束对方必须接受自己的想法，必须承受自己的威胁，否则只能生活在内疚和道德困扰之中。从本质上来说，情绪勒索是一种精神控制的方式，而这种控制模式往往会引发他人的反感和厌恶。

情绪勒索通常包含了三个内容：恐惧、义务以及罪恶感。

恐惧是指受害者担心自己不顺从行事的话，会遭到相应的惩罚，或者会因此造成不好的境地，这个时候他们就会因为害怕而做出妥协。

由于恐惧心理的作用，许多受害者会产生"我有义务服从他人指令"的想法，而这正好迎合了勒索者的想法。他们会反复强调受害者应尽的义务，并将其与自身的指令混为一谈，确保自己有足够强大的影响力和胁迫力。

当受害者遭受情绪勒索的时候，通常都会产生罪恶感，他们并不会思考勒索者究竟做错了什么，反而会认为正是自己的无能才导致对方不高兴。这个时候，他们会表现得更加顺从和内疚。

情绪勒索在一些较为亲密的人际关系中比较常见，比如父母子女之间、爱人之间、朋友之间都会出现情绪勒索的现象，这会对亲密关系产生很大的破坏。除了亲朋好友之间，一些销售员为了说服客户购买自己的产品，也会运用情绪勒索来控制客户的思维和行为，具体的做法是对"客户的购买行为"进行道德捆绑，客户购买产品被赋予了一种社会责任和道德含义，而客户不购买的行为自然就会被认定是"缺乏责任心"和"不道德"的表现。

比如，很多销售员经常会这样说：

"你看，其他孩子都在玩这个玩具，多开心呀。你少买一包烟就能够给孩子买这个玩具了。"这句话将父亲吸烟与孩子的快乐捆绑在一起，潜台词就是"如果家长不舍得给孩子花钱买玩具，孩子就会失去快乐"。也就是说，家长的不购买行为会间接剥夺孩子的快乐。

"男人嘛，赚钱不都是给女人用的，我认识的很多好男人都会给另一半买这款化妆品。"言下之意，如果男顾客不买这款化妆品的话，就不是好男人。

"今天，难得你妈妈那么开心，今天还是她的生日。如果想让这个生日变得有意义，你就应该给她买一条这样的围巾。"销售员借助妈妈的生日胁迫消费者购买围巾，似乎不买围巾，妈妈的生日就过得毫无意义，妈妈就会不开心。

当销售员使用这些具备道德捆绑和胁迫的话来威胁客户时，客户自然会觉得不舒服，对销售员以及他们所出售的产品，乃至背后的企业以及品牌，都会产生反感，这对销售工作的推进非常不利。在日常生活中，情绪勒索越严重，客户对购买产品和服务的兴趣越低。

销售员需要围绕着客户的需求销售产品，在这个过程中，无论是迎合客户的需求，还是主动挖掘和创造客户的需求，其核心都是吸引客户关注产品，而不是给客户施加太大的推力，更别说使用胁迫力了。道德捆绑、情感胁迫、精神压力，这些都是破坏性的力量，会威胁和破坏客户在整个交易中的地位，从而引发他们强烈的不满。真正擅长销售的销售员会主动创造一个令人舒适的销售环境，会让客户在一种身心愉悦的状态中自觉消费，他们所讲述的销售故事或者品牌故事都具备一种正向牵引的能量。

比如同样是卖玩具，销售员可以这样开始自己的故事："这是今年最流行的玩具，孩子们都爱玩。相比于其他的玩具，这款产品的安全系数很高，价格也不贵，而且社交属性很强，小朋友们一起玩玩具，更容易变得亲近起来。我儿子最近也买了一款，目前体验感还是很不错的，如果感兴趣的话，您可以给孩子买一个作为学习进步的奖励。"

在这段话中，销售员非常客观地描述了产品的性能、安全性、价格、社交优势，然后还巧妙地提醒家长，可以将玩具当成一种学习奖励，这无疑会产生更大的说服力。

在推销化妆品时，则可以这样告诉男顾客："这款化妆品今年非常受女性的欢迎，也是一款引领潮流的产品，最近有很多男士都慕名到店里购买这款产品。如果你的女朋友或者妻子有这方面的需求，我觉得它是非常不错的选择。"

销售员非常客观地讲述了化妆品的优势，以及通过第三人称的视角来讲述男士对它的青睐，有效提升了产品的吸引力和知名度。而且，销售员将最后的选择权交到对方手中，没有丝毫的压迫感。

同样地，在试图推销围巾时，销售员可以这样说："听说今天是伯母的生日，我觉得可以赠送一些小礼物来表达孝心。现在天气冷了，买一条围巾或一副手套都是很好的。我妈妈过生日的时候，我就送给她一条这样的围巾。其实，老人一般都比较节俭，孩子们买什么她们都开心。"

在这段话中，销售员并没有直接推销自己的围巾，而是非常巧妙地描述了老人的消费心理，并且站在客户的立场上给出了一些中肯的建议。整个过程中，销售员始终为客户着想，因此更容易赢得客户的认同。

总之，销售员应该站在客户的立场上说话，应该积极迎合客户的需求和想法，避免通过胁迫、施压的方式影响客户做出决策。

第一次成交

不要自作主张、替客户做决定

场景一：有个销售者向顾客推销店里的新鞋子："这双鞋子放在这里有一个月了，来看的人不少，但是在我看来，这双鞋子最适合你。你看鞋子的款式、颜色、做工都非常适合你。穿上它，我觉得你整个人都变得更有气质了！相信我，就买这双鞋子。我卖了这么多年的鞋子，在选择和搭配这方面，我可比你要更专业。听我的，就买这双鞋吧！"

场景二：某人打算给父母买一套房子，售楼部的销售者主动帮他选了一套房："这套房子是我们这里的门面，在整个小区里，就没有比它更适合老人居住的了。你们不用考虑了，就买这套吧！老实说，你们要是想买其他的房子，我还不同意呢，其他的哪有这套房子好。"

场景三：有位女士打算给女儿买化妆品，可是一直犹豫着应该买哪一款，这个时候，销售员指着一款昂贵的化妆品说道："在过去一个月内，这款产品卖得最好，价格虽然贵了点，但是锁水、补水的效果一流，还具有很好的美白效果，年轻的女孩子都会喜欢它，你女儿肯定也不例外。我现在就拿盒子包起来，我敢打包票，你女儿一定会喜欢得不得了。"

场景四：有个顾客去专卖店买衣服，结果到店后发现想买的衣服已经售罄，表现得非常失落，就在他打算离开时，销售员非常殷勤地拦住他，然后推销起另外一件衣服："那件衣服是我们这里的爆款，早就被抢光了，而且我觉得那件衣服不太适合你，反而是店里的这件衣服更能够衬托你的气质和形象。你就买这件吧，相信你的朋友肯定都会说好的。"

以上是生活中比较常见的几种销售场景，它们具有一个共同点，那就是销售员自作主张，草率地替客户做出购买决定。这种销售行为往往会引发客户的反感心理，因为在销售活动中，客户往往占据更多的主动权，他们希望销售员迎合并满足他们的需求。如果销售员自作主张，为客户做出决定，或者强制要求客户必须购买什么，应该购买什么，毫无疑问会让客户感到不满。

从消费心理来说，每个客户的消费动机不一样，对于产品的需求也不一样，对于产品的认同和体验也不一样，销售员依据自己的经验来明确对方适合什么不适合什么，这本身就不合理。销售员认为很好的东西也许并不适合客户，每一个客户都有自己真正感兴趣的东西，主观上替客户做决定，反而容易弄巧成拙。

从服务理念来说，销售员要做的就是迎合客户的需求提供相应的产品和服务，客户喜欢什么，客户想要什么，客户最看好什么，销售员就要想办法提供什么。在不了解客户需求的基础上就妄自揣度客户适合什么，本身就犯了销售的大忌，这会让客户认为销售员在干涉自己的决定，剥夺自己的选择权。

从交易双方的博弈来看，销售员与客户之间存在利益的博弈。如果销售员不断强调某个产品很好，甚至直接替客户做决定，那么就会让客户觉得对方一定是有意而为之，为了实现个人利益最大化而忽略客户的利益。这个时候，他们反而容易对销售员的话产生质疑。

销售员可能会强调自己的经验、强调自己的动机，但是对于客户来说，这些并不是最重要的，也许他们渴望获得一些指导，期待获得一些建议，但绝对不希望自己的选择权被剥夺，不希望一切交由销售员控制。真正优秀的销售员能够明确自身的定位，懂得给予客户更多的主动权和选择权，真正做到以客户为中心。

首先，他们始终强调引导的作用。客户对产品有什么疑惑，或者存在一些不了解的情况，他们会适当给予一些建议，但这些建议仅供参考。他们也会为客户提供其他不同的选择，增加客户的选项，至于客户选什么，销售员不会轻易干涉。

其次，在服务客户的时候，他们非常注意日常用语。诸如"一定""必须""应该""听我的，没错""我比你在行"这类的话会尽量少说或不说，不要在对话上给予对方太大的压迫感。

最后，销售员会尊重客户的任何一项选择，并且不会对客户的选择质疑，更不会草率地给予否定。即便他们想要给客户一些合理的建议，也会非常隐晦地强调另一款产品可能更好或者更适合："您选择的这款产品非常出色，看得出来您是一个很有眼光的人。当然，这里还有另外一款产品，我觉得也还不错，您也可以了解一下，至少可以增加一个新的选择。您可以认真对比一下，然后再做出决定。"

需要注意的是，当客户做出的选择明显不合理时，销售员也不要急于指出对方的错误，而应该认真分析这款产品的优点和缺点，然后引导对方去重新认识产品的价值，找出产品的缺点和不足，从而改变最初的消费决定。

不要对顾客的质疑轻易提出反对

詹姆士·哈维·罗宾逊教授在《下决心的过程》这本书中说过这样一段话:"我们有时会在毫无抗拒或被热情淹没的情形下改变自己的想法,但是如果有人说我们错了,反而会使我们迁怒对方,更固执己见。我们会毫无根据地形成自己的想法,但如果有人不同意我们的想法时,反而会全心全意维护我们的想法。显然不是那些想法对我们珍贵,而是我们的自尊心受到了威胁……'我的'这个简单的词,是做人处世关系中最重要的,妥善运用这两个字才是智慧之源。不论说'我的'晚餐,'我的'狗,'我的'房子,'我的'父亲,'我的'国家或'我的'上帝,都具备相同的力量。

"我们不但不喜欢说我的表不准,或我的车太破旧,也讨厌别人纠正我们对火车的知识、水杨酸的药效或亚述王生卒年月的错误……

"我们愿意继续相信以往惯于相信的事,而如果我们所相信的事遭到了怀疑,我们就会找尽借口为自己的信念辩护。结果呢,多数我们所谓的推理,变成找借口来继续相信我们早已相信的事物。"

人们通常都希望自己的观点和想法获得他人的认同,并且不喜欢有人对自己的观点提出质疑,不希望有人用否定的眼光看待自己,而这种自我保护的欲望有时候会造成更多的人际关系摩擦。对于销售员来说,情况更是如此。比如在日常的销售活动中，客户可能会对销售员有关产品的介绍和描述产生怀疑，认为产品并没有卖方所说得那么好，认为产品存在较为明显的缺点，认为产品在整个市场上并不占什么优势，甚至可能会对卖方提供的相关服务产生质疑。

为了维护自己良好的品牌形象，一些销售员就容易针对客户的质疑提出反对意见，他们会想方设法通过辩驳和争论来说服对方，但这种辩论和反对通常毫无实际意义，只会让双方的关系变得更加紧张。从销售的目的来说，销售员所做的一切，所说的一切，最终都是为成功卖出产品而服务的。为了实现这个目的，销售员最应该做的并不是证明自己的产品有多么出色，而是要与客户建立良好的关系，通过更和谐的互动为产品销售创造更好的条件。销售员的辩驳行为并不能真正说服对方，反而会激发出客户"继续保持质疑"的情绪。

沃尔玛超市给每一个员工制定的服务理念有两条：第一，顾客永远是对的；第二，如果顾客错了，请参照第一条。超市不希望员工与顾客发生冲突，如果顾客对员工的服务有什么异议和不满，员工不要试图通过辩论和反对来证明自己，而要坚信顾客的判断，并努力迎合他们的判断去解决相关的问题。

胖东来超市也是这样，作为一家服务至上的超市，胖东来的服务水平一直都是行业最顶尖的。在超市内部，客户如果对产品和服务不满，可以进行投诉，而员工不能针锋相对，试图通过争吵来挽回形象。如果有员工与顾客发生了冲突，那么超市将会对涉事员工进行处罚，并且对涉事员工的上级领导进行严肃处理。

在日益强调以客户需求为导向的服务体系下,客户的发言权需要得到充分的尊重。因此,在面对质疑时,销售员需要调整好自己的心态和情绪,不要总是以敌对的心态面对质疑,不能动不动就想着通过自己的强势表达来压制对方。这样做只会让双方的关系越来越紧张,甚至从简单的分歧演变成为矛盾。

销售员要以平常心来对待这一切,应该意识到质疑只是沟通中的一个部分。考虑到客户的思维层次以及掌控的信息程度,他们经常会提出疑惑,甚至对销售员的推销行为产生怀疑和否定,这些都是销售工作中很普遍的现象。而且,客户本身有权对销售的相关活动质疑,只要他们觉得有哪些地方不合理,或者有哪些地方存在漏洞或者不清楚的地方,他们就可以当面提出自己的质疑,并要求销售员进行解释。

一个聪明的销售员应该坦然面对质疑,并将其当成双方深入沟通的契机。为了打消客户的质疑,销售员需要放弃对抗情绪,先顺着对方的思路去沟通,确保对方可以缓和情绪,减少双方的对立情绪。比如,先承认自己可能有哪些地方做得不够到位,或者可能没有表达清楚,从而引发了对方的质疑。接着,可以采用请教式的提问方法,让对方详细地说出那些值得怀疑的内容以及质疑的论据,当客户慢慢说出自己内心的疑惑时,销售员要做的就是认真倾听和分析对方的话,并且努力指出对方观点的不合理之处,然后在沟通中不断引导对方去认识到误解是如何发生的。

需要注意的是,销售员选择迎合客户,并不意味着一味迁就对方。如果客户一直在无理取闹,那么销售员要做的不是继续解释和纠缠,而应该选择尽早结束对话,并且将彼此的矛盾上报给上级领导,减少彼此的正面冲突。

销售也要看趋势，不能逆势而行

1971年，三个西雅图人创办了星巴克。在经营门店的前15年时间里，星巴克的主营业务是出售烤咖啡豆、香料、茶叶。1987年，星巴克遭遇严重的财务危机，霍华德·舒尔茨成功收购了星巴克的零售部门，接着他将卖咖啡豆的星巴克转型为一家闲适咖啡店。在当时，美国经济发展速度很快，中产阶级的人数不断扩大，因此星巴克大举提升咖啡的价格，并将星巴克咖啡宣传成中高档饮品，结果星巴克迅速扩张，并成功席卷全球。

星巴克进入中国市场之后，一直坚持高价理念，因此星巴克咖啡一直被当作高档次的生活方式，喝星巴克咖啡也成了城市生活、社会精英、成功人士的标配，很多人都以喝星巴克为荣。在这样的消费理念中，星巴克不断扩大自己在中国市场的影响力，并成为最知名的咖啡品牌。可是这两年，市场开始发生变化，人们的消费理念也开始出现改变，最明显的就是年轻人，他们不再热衷于喝星巴克，反而追求更具性价比的咖啡饮品。在这种新的消费理念影响下，很多咖啡品牌开始推行平价消费模式，以此来吸引年轻人。可是星巴克不为所动，它仍旧认为只有坚持走高端路线，才能够在中国市场持续放大自己的影响力，因此在其他品牌纷纷降价的时候，星巴克反其道而行，试图通过更高价位留住顾客。

之所以进行这种逆势的操作，原因在于星巴克做过调研，调研人员发现星巴克的顾客大都是会员。他们认为这些会员是最忠诚的客户，即便自己涨价，会员也愿意买单，而其他不是会员的消费者，对星巴克并不感兴趣，即便选择降价，也不太可能吸引他们前来消费。可事实与星巴克猜想的完全不同，新的消费理念崛起，导致大部分人的消费行为发生了变化，越来越多的人不再看重高档次的消费品。在这种潮流和趋势下，星巴克在中国市场的份额渐渐被瑞幸咖啡等品牌超越。

许多商家和销售员在销售产品时会强调销售的技巧和能力，会看重产品的性能和优势，而忽略社会发展趋势和市场趋势变化带来的影响。他们通常会认为，自己的生意只是市场上无足轻重的一小部分，根本用不着考虑社会趋势的影响。正是因为如此，很多人在销售产品的过程中很容易制定一些违背趋势的销售策略，导致销售变得越来越糟糕。

任何行业的发展，任何企业的进步和突破，都离不开社会发展趋势的牵引和推动。企业想要让自己变得更加强大，想要占领更大的市场，就需要确保自己的产品具备时代特性，或者说符合时代发展的需求。比如，越来越多的企业开始开通线上销售渠道，在各类电商平台上开店，或者直接开通直播间，这种销售模式的变化就是为了迎合社会发展和产业变化的趋势，以及大众的购物需求和消费习惯。

掌握趋势并按照趋势制定合理的发展规划，是企业进一步开拓市场、把握商机、保持持久发展的前提。依据趋势，企业就可以知道自己应该卖什么产品，应该如何细分消费群体以及定位主流消费群体，知道自己应该选择什么样的服务模式和销售模式，从而确保自己所做的一切可以赢得客户的信赖和欢迎。

企业会努力打造一个更加高效的销售体系来迎合趋势的发展，但是在此之前，企业需要保持敏锐的市场感知能力，及时洞察市场的变化、环境的变化。一般来说，商家和销售员需要观察、分析社会各类现象，深挖这些现象背后的成因，比如看看大家对什么类型的东西感兴趣，了解大家的生活习惯和消费习惯有什么变化，弄清楚社会上发生的大事以及产生的社会现象之间存在什么联系。及时把握潮流和社会发展趋势，为自己接下来的发展提供重要的引导。

接着，商家还需要重点了解行业的变化，看看行业中有什么新的产品受到大家的欢迎，看看行业最近几年的发展趋势是怎样的，看看行业中的竞争对手都在忙着做什么，制定了什么样的发展规划。通过对行业变化的感知，通过对竞争对手的动向进行分析，找到行业发展和变化的蛛丝马迹，从而确保自己能够把握行业的脉动。

最后，商家需要了解国家的相关政策。关注国家最近颁布了什么文件，看看国家重点扶持什么产业，扶持什么项目，国家正在推进什么计划。与此同时，商家也要认真思考这些产业项目是否适合自己，以便提前做好部署。

在了解大环境的相关信息以及国家政策之后，商家和销售员要做的就是迎合外界的变化和趋向做出调整，确保自己的产品、服务模式、销售模式可以跟上趋势，甚至引领行业潮流。忽视趋势或者直接逆势而行，会让销售工作变得更加低效和困难。

不要一味迎合市场需求

2023年12月份，海底捞联合饿了么，在官方微博上发布了"下饭火锅菜"系列活动，海底捞的新产品由此拉开序幕。该产品早在2023年6月份的时候就率先在饿了么试水，之后引起了强烈的市场反响，短短几个月之内，就在超过100个城市开了门店。

在火锅市场日益低迷的时候，为什么下饭火锅菜可以在短时间内赢得大量消费者的欢迎呢？想要了解其中的缘由，就需要了解什么是下饭火锅菜。

下饭火锅菜实际上是冒菜的变形，冒菜是一种将蔬菜和肉类直接放在老汤里烫煮的菜式，它的最大特点是便捷、经济，可以多人一同吃，也可以满足一个人的用餐习惯。而最近几年，随着消费者消费理念的变化，出现了所谓的单身经济、宅经济、一人食的消费趋势。海底捞积极把握住这些趋势，并对新场景、新业务模式进行探索。

在前几年，海底捞的外卖生意非常火爆，而这给一些海底捞门店提供了创新的思路。它们开始尝试着将冒菜和外卖结合起来，再加上一人食的消费趋势和当下市场对极致性价比的追求，下饭火锅菜系列产品应运而生。

下饭火锅菜并没有脱离海底捞一直以来坚持的品牌特色，虽然这个系列的产品更加看重性价比，但是并不意味着海底捞服务质量的下降。作为一家不断创新、不断跟随市场的企业，海底捞懂得如何在品牌特色和市场需求之间找到平衡点，懂得如何把握住市场发展的趋势，然后通过微创新实现商业上的成功。

海底捞的成功不完全在于它把握住了市场需求，而在于它在把握市场需求的同时并没有完全向市场妥协，并没有完全跟着市场去走，而是非常巧妙地将自己的特色融入社会需求当中，所以在迎合市场需求做出变革的同时，它又想方设法保留了自己的特色，实现了一种完美的平衡。很多企业为了提升销量，片面地认为只要完全迎合市场，只要跟着市场需求走，那么就一定可以将产品顺利卖出去。这种一味迎合的姿态反而会让企业丧失个性，这种去个性化的发展模式和销售模式最终会让企业失去长期发展的推动力。

为什么完全迎合市场会对销量产生很大的反噬作用呢？

原因很简单，企业迎合市场需求有助于提升销量，可是别的竞争对手也会采用同样的方式。这样一来，就会导致大量的企业和商家为了迎合市场而选择了同质化竞争的模式，产品、服务都偏向一致，此时企业就会陷入红海竞争，企业的生存空间不断被压缩，销量也很快会下滑。真正能够带动企业发展，甚至可持续发展的应该是差异化竞争模式，只有表现出独特的魅力和价值，企业才能够在市场上脱颖而出，才能够真正长久地把握客户的注意力。

为什么同样是智能手机，只有个别手机品牌销量拔尖？为什么同样是做雨伞、卖雨伞，日本的某个雨伞店销量领先？为什么同样直播卖货，有的主播拥有千万粉丝，销售额突破几十亿元，有的主播只能在温饱线上徘徊？最根本的原因就在于这些商家、销售员和品牌在面对销售问题的时候，保留了自己的特色。它们并没有一味迎合客户的需求，并没有因为客户的想法就完全丧失自己的特点，无论是产品、服务，它们都会努力达成个人特色与市场需求之间的完美平衡。

严格来说，从市场需求来看，随着市场经济的发展，用户群体开始不断分化，并细分成更多不同层次、不同类型、不同需求的群体。用户群体消费需求开始发生变化，从原来的无差异化慢慢转变成为个性展示需求，他们同样希望自己可以享受到不一样的产品和服务，因此谁能够提供不同的享受与体验，谁的产品具备更强烈的个性化特色，谁就更容易抓住客户的注意力。正因为如此，商家和销售员需要保证自己在迎合客户需求的同时，最大限度地放大自己的独特价值。

一般来说，商家在兼顾个人特色与市场需求的时候，可以从两个方面进行适当调整。

第一是产品上的调整与微创新。为了真正迎合客户的需求，同时确保自己可以从竞争激烈的环境中脱颖而出，商家在生产市场所需的产品时，应该想办法保留自己最显著的特色，应该保留自己主流产品的印记。比如，产品一贯以来的包装、生产方式、产品的口感与关键配料、产品的主要性能和功能。接着，在这些能够凸显特色的项目和内容上进行创新，增加一些新的元素，这样既满足了市场所需的性能和价值，同时也保留了自己的品牌特色，并且通过微创新强化品牌和产品的魅力。

第二是服务的坚守和调整。对于一家企业或者一个销售员来说，不要轻易去放弃自己最具特色的服务内容和服务模式。这是品牌最大的标签，即便是为了迎合市场，也只能做一些调整，适当迎合客户的服务需求，而不是完全抹杀掉自己的服务特色。保留自己的服务特点是企业和销售员真正赢得关注的重要筹码。

总之，商家和销售员越是想要征服市场，越是想要占领客户的心智，就越要懂得适度保留品牌的核心价值与标签，而不是完全向市场需求靠拢和妥协。

不要排斥那些提意见的客户

在日常生活中，人们更喜欢接触那些喜欢自己的人，更希望和那些喜欢自己的人产生更多的交集，而对那些经常批评自己，对自己工作不满意且时不时就给自己提意见的人，总是保持一定的距离，甚至采取敬而远之的态度。销售人员往往也是一样，对于那些给自己好评的客户，他们往往更愿意与之交流，更愿意为他们提供体贴的服务，而对那些总是挑三拣四、不断给出批评和意见的客户，销售人员通常会产生很强烈的疏离感。他们会因为个人情绪以及喜好问题，片面地将那些喜欢提意见、喜欢挑刺的客户归为不受欢迎的那一类人，认为对方只是单纯的麻烦制造者。

其实，不是所有挑剔型客户都是蛮不讲理的人。尽管这类人大都具有自己的战术要求，他们会提出一大堆的问题，会找出一大堆的漏洞和不足，以此作为谈判的筹码，有些人可能只是在虚张声势，有些人真的能够提出中肯的意见和一些具有建设性的建议。美国知名咨询顾问亚德里安·斯莱沃斯基这样说道："不要把时间用在那些喜欢你的客户身上，应当找到那些需求最甚、最不满意，对明天最有见解的客户。"亚德里安·斯莱沃斯基认为，一个对产品不满意且愿意提出意见和建议的客户，往往可以为商家改进自己的产品和服务提供更多有价值的参考信息。

很多时候，人们都忽略了一个问题：这个世界上并不存在十全十美的产品，所以一定会有人意识到产品和服务当中的瑕疵，只不过有的客户并不认为这些瑕疵会影响自己的使用（他们对于品牌的认同感比较强，能够容忍这些瑕疵）。有的客户为了维持良好的合作关系，也选择对这些瑕疵视而不见，有的客户不想给自己惹上麻烦，于是选择默不作声，而那些不喜欢发表意见的客户，对于自己的消费体验或许并没有那么关心。无论是担心此举会影响合作，还是维权太困难，又或者认为自己的体验没有受到太多影响，当他们选择默不作声的时候，意味着他们可能并不想自找麻烦。

更加糟糕的是，大部分有过糟糕体验的客户虽然表面上不会有任何抱怨和投诉行为，但是在私底下他们会将自己的负面情绪和糟糕体验告诉周边更多的人。他们自己不仅会选择离开该品牌，而且还会影响身边人的判断，推动更多的人对该品牌的产品和服务产生负面评价。由于商家并不知道客户的真实想法，以至于根本没有任何机会去弥补那些错误。

只有那些真正在乎产品和服务质量的客户才愿意站出来投诉，才会对产品和服务进行抱怨。他们愿意针对自己的消费体验做出合理的反馈，愿意花大量时间和精力来试图纠正他们认为不合理的事情，愿意看到商家的产品和服务越来越好，能够给予客户更好的体验。这类客户思考非常周密，喜欢追求完美，能够在产品或服务最细微的地方发现不足，他们对销售人员总是采取苛刻、强硬的态度，并期待着销售人员尽快解决这些问题。这类客户往往不会默默离开，他们在抱怨、投诉、提建议的过程中保持了强烈的沟通欲望，他们愿意帮助商家指出问题所在，并期待着商家后续的改进措施。在商家做出更积极的回应之前，他们并不会丧失对品牌的信任，而是选择继续观察和等待。

尽管这些反馈有时候听上去并不那么让人舒服，但的确是推动商家改进产品质量和性能、提升服务水平的重要力量。

对于商家或者销售员而言，想要让自己的产品和服务更具吸引力，想要让自己获得更多的尊重，那么就要积极面对那些负面评价。无论对方是否有意，都要保持敬畏之心，认真倾听客户的观点，虚心接受批评和指正，了解对方对产品和服务有什么真实的想法，看看产品和服务究竟存在哪些漏洞，看看对方有什么好的意见和建议。

一般来说，商家需要开辟一个专门的信息反馈通道，让更多的客户参与到产品和服务的评价当中来。相比于那些积极的、正面的反馈，商家更需要重点关注那些反对的、批评的声音，因为积极正面的评价往往是商家在设计产品和服务时已经了解的信息，而负面评价通常都是一些未被发现或者没有引起足够重视的内容。这些内容才是提升商家产品和服务魅力的关键，才是推动商家不断发展和进步的关键。

在欧洲，很多公司为了更好地推销自己的产品，为了更好地拉拢顾客，他们每隔一段时间都会从网络以及公司的售后服务平台上搜集那些负面的评价，然后对这些负面信息进行整理。在整理出一些典型的负面评论后，公司会专门邀请那些做出负面评价的顾客前往公司总部做客，这些给出负面评价的人完全可以当面指出公司存在的问题，并说出改进的一些建议和意见。不仅如此，公司会制定一些奖励措施，那些真正指出公司产品和服务不足的顾客将会获得公司赠送的产品。那些发现问题且能够提供解决问题方案，或者提供解决问题思路的顾客，将会获得一笔不菲的奖金。也正是因为如此，这些公司在发展的过程中一直都可以不断完善、不断进步，市场上的口碑越来越好。

严格来说，由于资源、能力、认知的限制，商家往往也存在盲区，很难在生产和销售产品的过程中做到完美。这个时候，就需要依赖客户来帮忙寻找漏洞，挖掘存在的各类问题。而且，相比于商家或者销售员，客户因为亲自体验，所提意见反而更加客观真实，也更容易挖掘出一些关键细节上的疏漏。正因为如此，商家和销售员在建立完善的售后服务机制和信息反馈机制时，需要更多地关注那些批评和质疑的声音，更多地了解客户的真实体验，并以此作为自我调整和改进的依据。